MINISTÈRE DU COMMERCE ET DE L'INDUSTRIE

EXPOSITION
UNIVERSELLE ET INTERNATIONALE
DE BRUXELLES 1910

SECTION FRANÇAISE
CLASSE 16 — GROUPE XVII-B
MÉDECINE ET CHIRURGIE

RAPPORT

DE

M. RENÉ BERTAUT-BLANCARD

PARIS

COMITÉ FRANÇAIS DES EXPOSITIONS A L'ÉTRANGER

42, RUE DU LOUVRE

1911

M. VERMOT, Éditeur

EXPOSITION

UNIVERSELLE ET INTERNATIONALE

DE BRUXELLES 1910

MINISTÈRE DU COMMERCE ET DE L'INDUSTRIE

EXPOSITION
UNIVERSELLE ET INTERNATIONALE
DE BRUXELLES 1910

SECTION FRANÇAISE

CLASSE 16 — GROUPE XVII-B
MÉDECINE ET CHIRURGIE

RAPPORT

DE

M. RENÉ BERTAUT-BLANCARD

PARIS

COMITÉ FRANÇAIS DES EXPOSITIONS A L'ÉTRANGER

42, RUE DU LOUVRE

1911

M. VERMOT, Éditeur

AVANT-PROPOS

La France a réalisé à Bruxelles, en 1910, une Exposition digne en tous points de son génie et de ses traditionnelles qualités.

Grâce au nombre élevé de ses participants, à la diversité des détails et à l'harmonie de son ensemble, cette Exposition continua dignement les traditions que lui avaient léguées ses devancières.

La Section française, la plus importante de toutes, sans contredit, affirma nettement le rôle que la France entend conserver dans le monde.

Ce grand succès est dû au dévouement et à la compétence de ceux qui assumèrent la glorieuse, mais lourde, charge de mener à bien cette participation, en même temps qu'à l'ardeur et à la bonne volonté de ceux qui apportèrent à Bruxelles le fruit de leur labeur et de leur intelligence créatrice.

Il ne nous appartient pas, comme rapporteur de Classe, de retracer étape par étape le chemin parcouru depuis l'origine jusqu'à l'épanouissement final, jusqu'à l'apothéose de l'œuvre gigantesque réalisée par le Comité d'organisation.

Il nous échoit cependant, à titre d'interprète des Exposants de la Classe 16, l'agréable mission d'exprimer ici toute notre gratitude aux hommes distingués qui ont su réussir à forcer l'admiration des foules cosmopolites accourues au tournoi international de Bruxelles.

Le choix des personnalités désignées par le Gouvernement pour présider aux destinées de la Section française suffisait à lui seul à marquer le souci qu'il avait de la pleine réussite de cette manifestation de notre génie, et de notre bon vouloir à l'égard d'une nation voisine et amie.

Une disposition très significative avait, en effet, confié à M. Fernand CHAPSAL, Conseiller d'Etat, Directeur des Affaires Commerciales et Industrielles au Ministère du Commerce, le soin de mener à la bataille nos industriels et nos commerçants.

Il les a conduits à une victoire indiscutable et indiscutée.

Ce choix fut doublement heureux. Par sa valeur personnelle et par sa compétence, le Directeur des Affaires Industrielles et Commerciales inspirait à tous une confiance entière. Par son aménité et son dévouement inlassable à soutenir personnellement nos intérêts commerciaux, tant à l'intérieur qu'à l'extérieur, M. CHAPSAL, par le seul prestige de sa personne, entraînait après lui une foule de négociants, fiers de marcher sur ses pas à la conquête d'un marché intéressant, et heureux de pouvoir témoigner de leur reconnaissance à un de leurs plus fermes soutiens, un de leurs plus sages conseillers.

A côté du Commissaire Général, en parfaite communion d'idées avec lui, et entièrement dévoué à la réalisation de cette grande œuvre d'expansion nationale, nous avons pu admirer la belle vaillance et la grande compétence de M. le Président PINARD.

Notre dévoué Président, bien qu'il eût pu considérer qu'il avait fait largement son devoir aux côtés de M. CHAPSAL, à Liége, ne voulut cependant pas se dérober aux instantes sollicitations de tous ceux qui avaient foi en lui. Courageusement, il se consacra à cette dure tâche, et bien que la maladie ait failli l'éloigner de son poste de combat, son désir de vaincre et son énergique volonté triomphèrent de tous les obstacles.

Admirons en passant cette belle leçon d'énergie, et félicitons-nous de ce que notre excellent Président ait pu continuer à assurer le succès final de la Section française à laquelle il consacra, pendant plusieurs années, quotidiennement, des heures de travail, distraites à la défense de ses intérêts personnels, si considérables cependant.

Pendant la courte absence que la maladie imposa à notre Président, et dans des circonstances solennelles, l'intérim fut assuré par M. le Sénateur DUPONT, Président du Comité des Exposants français à l'étranger.

Une fois de plus, en ces circonstances, M. le Sénateur DUPONT témoigna, par son intervention, du soin jaloux qu'il apporte à

assurer toujours personnellement de brillantes destinées au Comité
français des Expositions à l'étranger.

Il témoigna aussi de la facilité avec laquelle on le trouve chaque
fois qu'il est fait appel à son dévouement pour la défense des intérêts
des exposants.

M. Chapsal et M. Pinard furent secondés dans leur œuvre par
d'excellents états-majors, avec lesquels nos relations quotidiennes
furent des plus courtoises et qui se mirent toujours entièrement à
la disposition des Comités d'organisation pour leur fournir tous les
renseignements utiles.

Nous sommes heureux de pouvoir leur en témoigner ici toute
notre gratitude.

Nous nous en voudrions également d'oublier notre collègue et ami
Faure, trésorier expert, inlassablement aimable, qui, se souvenant
de la collaboration importante qu'il n'avait cessé d'apporter jusqu'à
ce jour à la Classe 16, fut l'intermédiaire naturel entre notre Comité
et les personnalités avec lesquelles les événements nous forcèrent à
entretenir des relations.

En ce qui concerne particulièrement l'organisation intérieure et
le succès de notre classe, il serait parfaitement injuste de ne pas
en attribuer le mérite à notre actif Président de Groupe, le
D' Beurnier, qui aime cette classe qu'il considère avec raison
comme son œuvre.

Il connaît admirablement le monde de ses Exposants et sait
heureusement faire appel à leur dévouement.

Il fut vaillamment secondé dans cette tâche par notre aimable
Président, M. Legros.

Notre dévoué Secrétaire général, M. Plisson, m'en voudrait si
je lui consacrais des remerciements spéciaux. Je ne le ferai donc
pas. Affirmer le succès de la Classe 16, n'est-ce pas, par cela même,
rendre hommage au dévouement de celui qui en fut la cheville
ouvrière ?

A Bruxelles, comme dans toutes les Expositions antérieures,
Plisson dépensa sans compter son temps et prodigua ses efforts
pour en assurer la réussite.

Ces hommages légitimes rendus aux personnalités qui nous
menèrent au bon combat, qu'il nous soit permis, en terminant, de
féliciter également les modestes Exposants qui, par leur fidélité et
leur conscience, et aussi, il faut bien le reconnaître hautement, par
leur confiance dans le Comité français des Exposants à l'étranger,

ont permis le succès d'une entreprise à laquelle notre Gouvernement attachait une importance considérable.

L'organisation matérielle de notre Classe, ou plus spécialement le recrutement de ses Exposants, rencontrèrent des difficultés dont le Comité triompha aisément. En retranchant les Eaux Minérales de la Classe 16, pour les donner à la classe 111-*b*, le règlement limitait d'une façon très sensible les adhésions possibles.

Cette amputation pouvait être dangereuse et amoindrir considérablement la bonne tenue et la cohésion de notre Groupement. Il n'en fut rien, heureusement, grâce aux efforts des organisateurs et à la bonne volonté des Exposants. La simple lecture des statistiques publiées et du palmarès suffirait à le démontrer à tous ceux qui n'ont pas eu la bonne fortune de parcourir nos stands.

Nous espérons que la lecture de ce Rapport contribuera à faire ressortir la sincérité de cette affirmation.

Notre participation fut donc, indiscutablement, un succès ; mais ce n'est pas une raison pour nous reposer sur nos lauriers en une trompeuse sécurité. Succès oblige, et c'est seulement un encouragement que nous devons trouver en lui pour faire mieux encore.

Sans doute nos maisons sont encore à l'avant-garde du progrès. Elles sont puissantes, bien dirigées, emploient un personnel nombreux et éclairé. Mais la concurrence, qui ne désarme pas, les serre déjà de près. Votre Jury — ayant eu l'honneur d'en faire partie, je me permets de parler ici en son nom — a été frappé des efforts considérables réalisés par nos concurrents étrangers ; il a constaté, en parcourant et en admirant de près les stands étrangers, combien, par exemple, l'Allemagne, l'Angleterre, la Belgique avaient accompli de progrès.

Ne nous le dissimulons pas, nos clients *d'hier* sont en passe de devenir *aujourd'hui* leurs propres fournisseurs. Ils ont aussi l'intention, bien ferme, de devenir *demain* nos rivaux, même sur des marchés encore fortement francophiles.

C'est dans le but d'entretenir cette crainte salutaire et de faire triompher l'esprit de lutte industrielle, qu'il sera procédé dans ce Rapport à une revue rapide des Sections étrangères, accompagnée de notes critiques succinctes, prises pendant les opérations du Jury international.

Pour conserver notre situation commerciale et scientifique, pour continuer à faire rayonner notre influence sur les centres les plus divers, il est absolument nécessaire que nous travaillions inlassablement au perfectionnement de nos procédés originaux, que nous ne cessions pas de créer sans trêve ni repos.

C'est le génie de notre race généreuse et idéaliste qui nous pousse à la recherche du mieux, à la découverte des voies nouvelles, en un mot à la poursuite du progrès. Entretenons soigneusement ce besoin de faire mieux : gardons jalousement nos précieuses qualités. Elles assurent à notre cher pays sa place à l'avant-garde des nations qui favorisent le progrès, et portent à travers le monde les bienfaits de l'influence française.

En l'occurrence, c'est aussi une œuvre de miséricorde que nous poursuivons, puisque chacune de nos créations représente un soulagement nouveau apporté aux misères et aux souffrances de l'humanité.

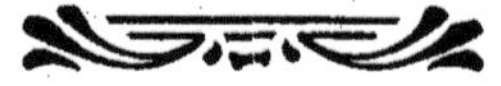

PREMIÈRE PARTIE

RAPPORT ADMINISTRATIF

I. Constitution de la Classe 16. — II. Recrutement des
Exposants. — III. Prix des emplacements. — IV. Collectivités. — V. Installation de la Classe. — VI. Son aspect à
l'Exposition de Bruxelles.

TRAVAUX DU COMITÉ D'ADMISSION
ET D'INSTALLATION

Le Groupe XVII-B et les Éléments de la Classe 16.

La Classe 16 constituait, avec la Classe 111-*b*, le Groupe XVII-B, dans la classification générale de l'Exposition Universelle et Internationale de Bruxelles.

La composition du Bureau de Groupe avait été ainsi organisée par décret officiel :

Président :   M. BEURNIER, Docteur en Médecine.
Vice-Président : M. FÈRE.
Secrétaire :   M. BORNE, Ingénieur.
Trésorier :   M. R. BERTAUT-BLANCARD, Pharmacien.

Les éléments qui devaient composer la Classe 16 étaient les sciences et les applications scientifiques qui relèvent de la médecine et de la chirurgie.

Le Comité d'admission et d'installation de cette Classe devait rechercher le concours des savants et des industriels qui se sont occupés de sciences où d'industries relevant de la médecine en général où de ses applications dans l'art de guérir ; on peut les répartir en différentes sections :

La médecine proprement dite ;

La chirurgie ;

La physiologie ;

L'art dentaire ;
La stérilisation et les pansements ;
Les instruments de chirurgie ;
L'orthopédie ;

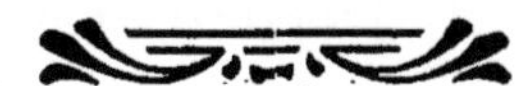

Bureau et Comité de la Classe 16.

Le Bureau de la Classe 16 a été constitué le 8 juin 1909.

Les membres des Comités des Classes 16 et 111 avaient été convoqués à la Bourse du Commerce.

M. Pinard, Président de la Section française, présidait lui-même cette assemblée.

Avant de procéder à l'élection des membres du Bureau des deux Classes, M. Pinard exposa que l'intérêt de la France exigeait des membres du Bureau et de leurs collaborateurs, membres des Comités d'organisation, un puissant effort et une féconde activité. Il avait, dit-il, la conviction que tous les membres des Comités sauraient faire preuve d'un large esprit de conciliation et s'efforceraient d'assurer, avant toutes autres préoccupations, le succès de l'œuvre commune.

Les éloquentes et fortes paroles du Président furent unanimement approuvées, et il fut aussitôt procédé à l'élection du Bureau.

Il fut ainsi composé pour la Classe 16 :

Président :	M. Legros, Architecte.
Vice-Présidents :	MM. Bardy.
	Lucien-Graux (Dʳ).
	Rainal.
Secrétaires :	MM. Plisson (Alfred).
	Bobier.
	Mougin (Dʳ).
Trésorier :	M. Bertaut-Blancard (René).

Membres du Comité de la Classe :

MM. les D^{rs} : BARBARIN (P.), CATHELIN (P.), CAZIN (M.), CHERVIN (A.), CHOMPRET (J.), FROUSSARD (P.), GODON (Ch.), HARTENBERG (P.), JOUSSET (M.), LAURENS (G.), DE LANGENHAGEN (M.), LIÈVRE (G.), MENCIÈRE (L.), MONPROFIT (A., Prof^r), ROUSSEL (G.), SPRINGER (M.).

MM. ADNET (E.), BARRÈRE (A.), BASCOURET (G.), BOUISSEREN (G.), BRETON (B.), DELAIR (L.), FLICOTEAUX (A.), PANNETIER (A.), PICARD (E.), RAINAL (J.), ROBERT (J.-M.-J.), TREVES (M.), VAN STREENBRUGGHE (A.), WICKHAM (H.), WULFING-LÜER (F.), BURGUET (A.).

Recrutement des Exposants.

Pour favoriser l'adhésion de nouveaux Exposants, le Comité d'organisation décida d'adresser à toutes les personnalités scientifiques ou industrielles, susceptibles de participer à la Classe 16, la circulaire suivante :

Monsieur,

Nous avons l'honneur de vous informer qu'une Exposition Universelle et Internationale s'ouvrira à Bruxelles au mois d'avril 1910.

Placée sous le haut patronage de S. M. le Roi des Belges et sous la présidence d'honneur de S. A. Monseigneur le Prince Albert de Belgique, cette Exposition semble devoir prendre une très grande importance.

Dès le mois de juillet 1908, le Gouvernement de la République annonçait la participation officielle de la France et nommait en qualité de Commissaire général M. Fernand Chapsal, Conseiller d'Etat, Directeur des Affaires Commerciales et Industrielles au Ministère du Commerce, ancien Commissaire général de l'Exposition de Liége 1905.

Le Comité Français des Expositions à l'étranger a été chargé de recruter, d'admettre et d'installer les Exposants, et M. Pinard, Vice-Président du Comité Français, a été nommé Président de la Section Française.

La plupart des Nations européennes ont déjà donné leur adhésion et demandent des surfaces très importantes : l'Allemagne, en particulier, qui n'avait joué à Liége qu'un rôle secondaire, fait un effort considérable pour prendre une revanche éclatante.

A la nécessité économique d'affirmer les progrès toujours croissants de nos industries et de conserver les résultats précédemment acquis, s'ajoute le devoir patriotique de maintenir le rang glorieux obtenu dans les Expositions antérieures.

La France, vous le comprendrez, a tout intérêt à conserver et à accroître l'important débouché industriel et commercial que représente pour elle la

Belgique. Cette nation voisine, parlant notre langue, et qui nous a déjà donné à Liége une preuve si manifeste de son amitié, attend notre concours et nous réserve encore l'accueil le plus sympathique.

Nous venons donc vous adresser un pressant appel et vous prier instamment de concourir par votre participation au succès de la Classe 16.

Nous indiquons ci-après les prix demandés par le Comité de la Classe 16 (*médecine et chirurgie, physiologie et dentisterie, hôpitaux, maisons de convalescence et stations climatériques, instruments de chirurgie, orthopédie, stérilisation et pansements*) pour location des emplacements demandés et pour participation aux dépenses d'installation générale de la Classe.

POUR LES EMPLACEMENTS EN VITRINE

Le mètre courant de vitrine......................................   475 fr.
Plus-value pour vitrine d'angle.............................   250 fr.
Le minimum de location pour les emplacements en vitrine est de 1/2 mètre.
Le prix en est fixé à...   300 fr.

POUR LES EMPLACEMENTS SUR SOL

Le mètre carré brut..   150 fr.
A ce prix devra s'ajouter les plus-values indiquées ci-après suivant l'emplacement demandé par l'Exposant :
1° Par mètre de développement de façade en bordure du chemin.....   100 fr.
2° Par retour d'angle saillant.................................   50 fr.
La façade en bordure du chemin ne devra jamais être inférieure au 1/5 de la surface totale.
La dimension demandée en bordure du chemin sera indiquée à la cote « largeur » figurant sur la demande d'admission.

POUR LES EMPLACEMENTS EN SURFACE MURALE

Le mètre carré (minimum, 1 mètre).............................   150 fr.

OUVRAGES ET PUBLICATIONS, JOURNAUX, BROCHURES, etc.

Exposés en collectivité.   Par volume........   10 fr.

La somme due au Comité sera payable en deux parties égales. Le 15 novembre 1909 et le 15 février 1910, sur reçu du Trésorier.

Comme dans les Expositions précédentes, l'excédent des recettes sur les dépenses de la Classe sera réparti entre les Exposants.

Le transport des marchandises, la représentation et les assurances diverses ne sont pas comprises dans les prix ci-dessus.

Chaque Exposant pourra confier ses intérêts au représentant qui lui conviendra, le Comité le laissant absolument libre; mais, dans le désir d'être utile aux adhérents, le Comité a imposé à l'entrepreneur de la Classe, M. GIRARD, *20, rue Saint-Lazare*, l'obligation de se charger, pour un prix à forfait variant selon la nature des objets, de la représentation des Exposants qui s'adresseront à lui. M. GIRARD se chargera également des assurances des produits, si la demande lui en est faite.

Une copie des conditions et prix imposés à l'entrepreneur de la Classe, pour la représentation, sera donnée à chaque Exposant qui en fera la demande.

Nous joignons à la présente lettre une demande définitive d'admission. Nous vous prions instamment de vouloir bien *remplir et signer cette feuille, ainsi que son duplicata*, même dans le cas où vous auriez déjà envoyé une adhésion provisoire. Les deux pièces doivent *être datées* et renvoyées affranchies à *M. le Président de la Section Française, 42, rue du Louvre*, le plus tôt possible et au plus tard le 15 octobre 1909.

Les demandes qui nous parviendraient trop tard ne pourront être accueillies que sous réserve de place disponible.

Veuillez agréer, Monsieur, l'assurance de nos sentiments distingués.

Le Président du Groupe XVII-B :

Docteur BEURNIER (Louis),
Chirurgien de l'Hôpital Saint-Louis,
Membre de la Société de Chirurgie.

Le Secrétaire du Groupe :	*Le Trésorier du Groupe :*
BORNE (L.), Ingénieur E. C. P.	BERTAUT-BLANCARD (R.), Pharmacien.

Le Président de la Classe 16 :

LEGROS (G.),
Architecte de l'Hôpital Boucicaut.
Diplômé par le Gouvernement,
Expert près le Tribunal Civil de la Seine.

Les Vice-Présidents de la Classe :	*Les Secrétaires de la Classe :*
BARDY (A.), LUCIEN-GRAUX (D^r), RAINAL (L.).	Dr BOBIER, Dr MOUGIN, PLISSON (A.), *Secrétaire administratif.*

Les Membres du Comité de la Classe :

MM. les Drs BARATOUX, BARBARIN (P.), CATHELIN (F.), CAZIN (M.), CHERVIN (A.). CHOMPRET (J.), FROUSSARD (P.), GODON (Ch.), HARTEMBERG (P.), JOUSSET (M.), LAURENS (G.), DE LANGENHAGEN (M.), LIÈVRE (G.), MENCIÈRE (L.), MONPROFIT (Prof^r A.), ROUSSEL (G.), SPRINGER (M.).

MM. ADNET (E.), BARRÈRE (A.), BASCOURRET (G.), BOUISSEREN (G.), BRETON (L.), DELAIR (L.), FLICOTEAUX (A.), PANNETIER (A.), PICARD (E.), RAINAL (J.), ROBERT (J.-M.-J.), TRÈVES (M.), VAN STREENBRUGGHE (A.), WICKHAM (H.), WULFING-LUER (F.), ZUND BURGUET (A.).

Cette circulaire résume à elle seule les principales dispositions qui furent prises, après de nombreuses délibérations, par le Comité de la Classe 16.

Il fut également entendu que des circulaires spéciales seraient adressées aux personnalités scientifiques désireuses d'exposer en collectivité.

COLLECTIVITÉ DE L'ART DENTAIRE

Il en fut donc adressé aux chirurgiens-dentistes dont l'agencement de la collectivité avait été confié à M. le Prof^r DELAIR, ex-Président de l'Association des Dentistes de France.

Les conditions spéciales qui étaient faites à cette catégorie d'Exposants étaient ainsi définies :

Les prix fixés à forfait comprennent, en effet, la location de l'emplacement, l'agencement, l'installation en vitrine, le transport à l'aller comme au retour, la représentation générale, le gardiennage, etc.

Ils sont fixés comme suit :

En vitrine : instruments (dimension d'un davier courant), chaque.. 20 francs
Un moulage double avec appareil, le premier................... 40 francs
Les suivants, chaque....................... .... 20 francs
Série de quatre appareils de prothèse, pour les quatre.... ...... 30 francs
En bibliothèque : volumes, revues, brochures, publications diverses,
par volume, chaque.. 10 francs

Pour des expositions plus importantes, nous mettons à la disposition de chacun des emplacements en vitrine d'environ 0 m. 30 de large sur 0 m. 30 de profondeur et de 0 m. 30 de hauteur au prix de 50 francs.

Il ne sera accordé par exposant que trois emplacements de ce genre au maximum.

Exposition murale : pour tableaux, graphiques et photographies,
le mètre carré.. 175 francs
Le demi mètre............... .... 100 francs
Exposition sur sol : fauteuils, crachoirs, vitrines, appareils, tours
électriques ou à pied, etc., le mètre carré..;................ 300 francs
Le demi-mètre carré....................... .... 175 francs

Pour les objets et appareils, fauteuils, vitrines, entrant dans ces deux dernières catégories et dépassant un poids de 100 kilos, ou un volume de 1 mètre cube, les prix de transport seront débattus entre l'Exposant et M. GIRARD (20, rue Saint-Lazare, à Paris), entrepreneur chargé de la représentation de la classe.

COLLECTIVITÉ DES AUTEURS ET INVENTEURS

Le Comité de Classe consentait également à accorder des avantages particuliers aux auteurs d'ouvrages traitant des questions de médecine, chirurgie et sciences afférentes, publiés en ces dernières années, ainsi qu'aux directeurs de revues et journaux de médecine, et aux médecins ou spécialistes, non industriels, ayant inventé des instruments de chirurgie, des appareils de stérilisation ou d'orthopédie et des pansements stérilisés.

A cette catégorie d'Exposants, participant à une Exposition collective, était appliqué un tarif ainsi fixé et que nous empruntons à la circulaire qui fut adressée aux personnes intéressées à cette Exposition :

Pour les volumes, les revues et journaux, vous n'aurez, pour tous frais, qu'à payer sur présentation du reçu de notre trésorier, M. BERTAUT-BLANCARD, la somme de dix francs par volume, revue ou journal. Tous les numéros d'une année d'une même revue ou d'un même journal réunis en volume, comptent pour un volume, deux années deux volumes et ainsi de suite.

Pour les instruments, appareils, produits stérilisés, le droit de participation à l'Exposition collective est fixé à 50 francs, à la condition que l'objet exposé ne dépasse pas en volume un vingtième de vitrine. Si les objets dépassent un vingtième de la vitrine, l'excédent sera payé à raison de 50 francs par vingtième supplémentaire : il ne pourra être accordé moins d'un vingtième et plus de quatre vingtièmes.

COLLECTIVITÉS A PRIX FORFAITAIRES

Enfin le Comité avait décidé d'organiser des collectivités à prix forfaitaires, uniquement réservées aux fabricants d'appareils qui n'auraient besoin que d'un emplacement très restreint.

La circulaire qui fixait l'organisation de ces collectivités disait :

Les dimensions de l'unité de vitrine sont : largeur 1 mètre, profondeur 0 m. 70, hauteur 1 m. 65.

Le droit de participation à l'Exposition collective est fixé à 50 francs, à la condition que l'objet exposé ne dépasse pas en volume un vingtième de vitrine. Si les objets dépassent un vingtième de vitrine, l'excédent sera payé à raison de 50 francs par vingtième supplémentaire : il ne pourra être accordé moins d'un vingtième ni plus de quatre vingtièmes.

REPRÉSENTATION DES EXPOSANTS ET INSTALLATION DES COLLECTIVITÉS

Le Comité d'organisation de la Classe 16 avait été d'avis de laisser aux Exposants le libre choix de leur représentant à l'Exposition de Bruxelles.

Mais pour la fourniture des vitrines et l'installation des collectivités, il avait passé, avec M. GIRARD, un traité dont nous reproduisons les principales dispositions :

EXTRAIT DU TRAITÉ PASSÉ AVEC M. GIRARD
POUR LA REPRÉSENTATION (CLASSE 16)

M. GIRARD, 20, rue Saint-Lazare, Paris, s'engage à faire la représentation des Exposants qui feront appel à son concours aux conditions suivantes :

Le mètre linéaire de vitrine........................	90 francs
Par mètre superficiel d'emplacement mural :	
Le 1er mètre................................	30 francs
Le 2e —	25 —
Le 3e —	20 —
Exposants sur sol........................	Prix à débattre

M. GIRARD se fera payer directement par les Exposants sans responsabilité du Comité.

Ladite représentation comprend tous les soins à donner aux objets exposés et à la défense de tous les intérêts des Exposants, depuis le départ desdits objets du domicile de l'Exposant jusqu'au retour à domicile.

Dans ce prix sont inclus notamment les frais de transport de toute nature à l'aller et au retour, depuis le départ du domicile de l'Exposant jusqu'au retour audit domicile, suivant les conditions des tarifs spéciaux appliqués aux Exposants, sauf en ce qui concerne les objets exposés, pour l'assurance contre tous risques, vols, incendie, bris, pertes ou avaries, laquelle reste à la charge personnelle de chaque Exposant ou pourra être traitée avec le représentant moyennant un prix forfaitaire et unique de quinze francs pour mille francs ;

Les frais de manutention à Paris et à Bruxelles ;

Les formalités en douane en France et en Belgique ;

Le déballage des colis et l'installation des objets dans la vitrine, conformément aux indications des Exposants ;

Le magasinage des caisses vides ;

Le réemballage des produits au retour.

Dans le cas où les produits ne reviendraient point, il sera fait sur le prix ci-dessus une réduction de 15 0/0.

Les Exposants habitant la province devront livrer et reprendre les objets dans les gares desservant leurs domiciles.

Le prix a été établi sur la base de 100 kilos par mètre courant de bibliothèque de vitrine-pupitre ou de surface murale; l'augmentation du poids donnerait lieu à un supplément qui sera réglé directement par l'Exposant à l'entrepreneur sur justifications.

En outre, le prix ci-dessus comprend les démarches auprès des Compagnies, les lettres de voiture et connaissements, et l'exercice de tous recours en cas d'avaries ou de perte d'objets pendant le voyage.

Le prix de location des vitrines comprend la garniture intérieure en satinette de couleur, à choisir ultérieurement. Si la satinette était remplacée par de la peluche, la différence de prix serait à débattre entre l'entrepreneur et l'Exposant d'après la qualité de la fourniture. Les tablettes seront habillées de satinette et le plafond aura un vélum blanc.

Le prix de location comprend aussi une inscription par Exposant, que celui-ci soit en vitrine-bibliothèque ou en pupitre, ou sur sol, ou en surface murale. La forme de ces inscriptions sera décidée par l'architecte. Il n'est pas dû de représentation pour la façade de retour.

Le prix de représentation comprend l'entretien intérieur et extérieur de la vitrine et le nettoyage des glaces aussi souvent que cela sera nécessaire, la remise des prospectus ou des renseignements au public, l'assistance devant le Jury, etc., en un mot tout ce qui assurera la défense des intérêts des Exposants de la Classe 16.

L'Exposant reste chargé de contracter toutes les assurances qu'il jugerait utiles.

M. Girard s'engage à observer tous les règlements imposés par l'Administration de l'Exposition de Bruxelles, par le Commissariat général français ou le Comité des Exposants à l'Étranger.

Au cas où il surgirait un désaccord sur l'interprétation des clauses du présent cahier des charges, marché ou devis descriptible, ou bien entre un Exposant quelconque et l'entrepreneur, les parties s'engagent à porter leur différend devant tel arbitre que désignera M. le Président de la Section française de Bruxelles, arbitre qu'elles acceptent dès aujourd'hui sans pouvoir en appeler de ses décisions.

M. Girard reconnaît au Comité de la Classe 16 le droit de lui retenir sur les sommes qui lui resteraient dues le montant des condamnations qui pourraient être prononcées contre lui par l'arbitre en faveur du Comité ou en faveur d'un Exposant.

RÉSULTATS DE LA PROPAGANDE FAITE PAR LE COMITÉ DE LA CLASSE 16

La propagande faite par le Comité d'organisation et les mesures qu'il adopta produisirent d'heureux résultats.

En effet, au jour où il clôtura ses travaux, la Classe 16 comptait, grâce aux efforts de tous ses membres et à l'action énergique de son bureau :

107 Exposants individuels,
43 Exposants groupés en trois collectivités,

soit au total 150 Exposants.

Parmi ces Exposants, on remarquait, ainsi qu'on le verra dans notre chapitre consacré à l'examen individuel des Exposants, les plus hautes sommités médicales et les maisons les plus qualifiées pour représenter, aux yeux de l'étranger, les industries françaises dont le concours est indispensable aux médecins et aux chirurgiens.

COMPARAISON DU NOMBRE D'EXPOSANTS RECRUTÉS POUR BRUXELLES AVEC CEUX DES EXPOSITIONS PRÉCÉDENTES

Les résultats obtenus sont d'autant plus remarquables que l'importance de la Classe 16 pouvait être, à Bruxelles, singulièrement diminuée, par suite du règlement qui en avait détaché les eaux minérales et les stations climatériques pour les rattacher à la Classe 111-*b*.

Les organisateurs de la Classe 16 n'ont ménagé ni leur temps ni leurs efforts pour arriver à réparer les pertes d'Exposants qui résultaient de la nouvelle réglementation. La comparaison de l'effectif de notre Classe à Bruxelles avec celui dont elle disposait dans les Expositions précédentes prouve son importance et son succès.

En effet, le nombre d'Exposants ayant participé à l'Exposition de Bruxelles est très supérieur à celui de Liége 1905 et, si on retranche des chiffres de Londres 1908 les eaux minérales et les stations climatériques, on constate que le nombre des Exposants est cependant sensiblement le même dans les deux Expositions de Londres et de Bruxelles.

Le tableau suivant donne le nombre d'Exposants recrutés par la Classe 16, depuis l'Exposition de Saint-Louis 1904 jusqu'à celle de Bruxelles en 1910 :

Saint-Louis, 1904 . . . . 20 Exposants
Liége, 1905 . . . . 26 —
Milan, 1906 . . . . 191 —
Londres, 1908 . . . . 206 —
Bruxelles, 1910 . . . . 150 —

COMPARAISON DU NOMBRE D'EXPOSANTS DE LA SECTION FRANÇAISE AVEC CELUI DES AUTRES SECTIONS

Si nous comparons maintenant le nombre d'Exposants de la Classe 16 française avec celui des Exposants des Classes 16 étrangères, nous constatons une supériorité écrasante en faveur de la France, ainsi que le prouve le tableau ci-dessous :

Classe 16. — France.............. 150 Exposants
    —   Allemagne   58   —
    —   Grande-Bretagne 11   —
    —   Belgique 21   —
    —   Italie   6   —
    —   Suisse..............   2   —
    —   Etats-Unis..........   2   —
    —   Haïti   2   —
    —   Brésil..............   1   —
    —   Danemark..........   1   —

Donc, sur un total de 254 Exposants, la France à elle seule en avait fourni 150, soit trois cinquièmes.

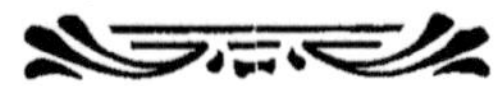

Aspect général de la Classe 16.
Section Française.

La Classe 16, à l'Exposition de Bruxelles, fut particulièrement intéressante. Elle attestait les progrès considérables qui ont été accomplis, en ces dernières années, dans le domaine de la médecine et de la chirurgie.

Dans la Section française, la Classe 16 occupait un emplacement de plus de 300 mètres dans la galerie de l'industrie et des arts. Elle était voisine de la Classe 87, qui réunissait les arts chimiques et la pharmacie.

Ses produits étaient présentés dans des vitrines de style Empire en bois d'acajou et garnies de bronze. Les gradins en étaient recouverts de peluche vert mousse.

Les expositions sur le sol étaient agencées dans des stands surmontés de frontons faisant partie de la façade générale.

D'un côté étaient exposés les instruments de chirurgie et, leur faisant face, les objets de pansement et de stérilisation.

Dans les stands, on pouvait voir des salles complètes d'opération et un cabinet dentaire.

Les Expositions étrangères de la même Classe se trouvaient disséminées dans leur Section normale respective : plusieurs furent détruites par l'incendie.

L'exposition de nos produits, surtout les salles d'opérations, la stérilisation, les appareils de chirurgie, formaient un ensemble remarquable.

Il y a peu de sciences qui aient réalisé, en un nombre d'années aussi restreint, des progrès aussi considérables que ceux qui ont été accomplis en médecine et en chirurgie : le seul examen des différentes Classes 16, françaises ou étrangères, suffisait à démontrer, même à des profanes, combien sévère est la lutte engagée entre la science et la maladie.

En parcourant tous ces stands, en examinant les résultats des travaux de ces dernières années, on ne pouvait se défendre d'un sentiment de fierté.

La pensée se reportait involontairement en arrière, à cette époque, encore peu lointaine, où les médecins et les chirurgiens, même très réputés, n'avaient pas encore à leur disposition les méthodes actuelles. L'antisepsie, l'asepsie, la stérilisation étaient rudimentaires, voire même inconnues. Qu'il est loin de nous ce temps, pourtant encore si proche, où l'asepsie était discutée, même combattue.

Il faut savoir reconnaître le dévouement des savants, des maîtres, qui ont eu confiance dans l'avenir. Les résultats merveilleux de la chirurgie actuelle ont suffisamment démontré que la raison était du côté de ceux qui, bravant des habitudes et des préjugés séculaires, firent triompher les méthodes sûres qui ont permis à la chirurgie et à la médecine de faire un si grand pas en avant dans l'art de guérir.

Le pansement « sale » n'a plus heureusement aucun partisan, et partout les méthodes de stérilisation les plus rigoureuses sont pratiquées pour réduire, dans la plus large proportion, les dangers post-opératoires et barrer la route aux maladies contagieuses ou épidémiques.

Une revue rapide du passé et une étude sommaire des procédés aujourd'hui employés, représentés dans notre Classe, fait l'objet de la troisième partie de ce travail.

Avant de l'aborder cependant, nous allons rendre compte des opérations du Jury international des récompenses.

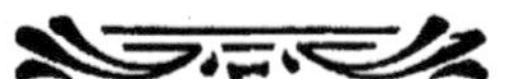

DEUXIÈME PARTIE

TRAVAUX DU JURY INTERNATIONAL DES RÉCOMPENSES

BUREAU DU JURY

TABLEAU RÉCAPITULATIF DES RÉCOMPENSES DÉCERNÉES PAR LE JURY

LISTE DES RÉCOMPENSES

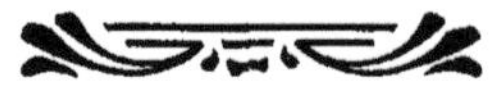

TRAVAUX DU JURY INTERNATIONAL
DES RÉCOMPENSES

Avant la réunion des membres du Jury international des récompenses, un accord était intervenu entre les divers Commissaires généraux des nations représentées à l'Exposition de Bruxelles, pour l'attribution des sièges de Président. Il avait été décidé plus spécialement, en ce qui concernait la formation du Bureau du Jury de la Classe 16, que la présidence en était réservée à l'Allemagne, la vice-présidence à la France, le secrétariat à la Belgique.

Nous devons reconnaître que cette disposition fut l'objet de certaines critiques de la part des Jurés français; les Exposants de la Classe 16 française étant de beaucoup les plus nombreux.

La raison qui avait motivé cette décision était, paraît-il, la nécessité d'établir une juste répartition des présidences du Jury de Classes, entre les diverses nations ayant participé à l'Exposition de Bruxelles.

Les Jurés français durent donc s'incliner devant la rigueur du règlement qui leur était imposé.

En se montrant respectueux des décisions supérieures, ils firent preuve d'une abnégation dont ils n'eurent pas à regretter, dans la suite, les conséquences, d'autant que la personnalité qui assuma la charge de présider aux opérations du Jury était connue de tous. Nous sommes heureux de pouvoir adresser ici à M. le Prof^r Wassermann nos remerciements sincères pour son amabilité, ainsi que l'assurance de notre respect pour ses beaux et utiles travaux.

Nos Jurés donnèrent donc leur concours le plus dévoué à leurs collègues étrangers. Le Bureau fut ainsi constitué :

Jury international des Récompenses

BUREAU

Président :   M. le Dr WASSERMANN, Professeur à l'Université de Berlin. (Allemagne).

Vice-Président :   M. le Dr CALOT, à Berck-sur-Mer. (France).

Secrétaire :   M. le Dr GLIBERT (Désiré), Directeur du Service Médical de l'Inspection du Travail, au Ministère du Travail, à Bruxelles. (Belgique).

Rapporteurs du Jury : M. le Dr GLIBERT (D.), à Bruxelles. (Belgique).

M. BERTAUT-BLANCARD (René), Pharmacien à Paris. (France).

MEMBRES

Jurés effectifs :   MM. HAUPTNER (R.), à Berlin. (Allemagne).

BARDY, Pharmacien et fabricant de produits antiseptiques, à Paris. (France).

BERTAUT-BLANCARD (R.), Pharmacien à Paris, Membre de la Société de Médecine de Paris. (France).

RAYNER (Dr Edwin), à Stockdale. (Grande-Bretagne).

Jurés suppléants : MM. SAND (René), Docteur en médecine, Agrégé, Assistant à l'Université libre de Bruxelles, à Bruxelles. (Belgique).

CAPDEPONT, Docteur en médecine, Président de la Société de Stomatologie, à Paris. (France).

LUCIEN-GRAUX (D^r), à Paris. (France).

PLISSON, Fabricant d'instruments de chirurgie à Paris. (France).

Expert :   M. BOBIER (D^r), à Paris (France).

Le léger nuage qui aurait pu assombrir la première réunion des membres du Jury fut dissipé avant qu'il ne fût formé, et les opérations se poursuivirent dans une atmosphère de calme, d'estime et de sincère cordialité.

La supériorité de la participation française ne fut pas un seul instant contestée par nos collègues étrangers. Le Président du Jury lui-même fut le premier à rendre un juste hommage aux travaux des savants français qui exposaient dans la Classe 16 et à la valeur des modèles présentés par nos industriels.

Le Jury des récompenses comptait 12 membres, parmi lesquels il n'y avait que 8 Exposants. La disposition si juste du Gouvernement français, de ne choisir les membres du Jury que parmi les Exposants, n'avait pas été adoptée par les autres nations.

La France comptait 7 membres du Jury.

L'Allemagne — 2 —
L'Angleterre — 1 —
La Belgique — 2 —

Les 7 membres du Jury français exposaient dans la Classe 16 ; des 2 Jurés allemands, un seul était Exposant dans la même Classe ; quant aux Jurés anglais et belges, ils avaient tous été désignés sans que l'obligation d'exposer leur ait été imposée par leur gouvernement respectif.

Les récompenses qui ont été décernées à l'ensemble des Exposants se résument ainsi :

Grands Prix	105
Diplômes d'Honneur	25
Médailles d'Or	47
Médailles d'Argent	28
Médailles de Bronze	20
Soit au total	225 récompenses

La France, à elle seule, obtient 139 récompenses, dont :

Grands Prix	76
Diplômes d'Honneur	17
Médailles d'Or	14
Médailles d'Argent	13
Médailles de Bronze	19

L'Allemagne a obtenu 42 récompenses, dont 18 Grands Prix.

Quant à la Belgique, il ne lui a été décerné que 20 récompenses, dont 3 Grands Prix.

Ces résultats, flatteurs pour la France, se passent de tous commentaires. Ils ont été accueillis avec satisfaction par tous les Exposants de notre Classe.

Récompenses décernées par la Classe 16.

Tableau récapitulatif des Exposants et des Récompenses par eux obtenues dans la Classe 16.

NATIONS PARTICIPANTES	NOMBRE D'EXPOSANTS	HORS CONCOURS (1)	JURÉS TITULAIRES	JURÉS SUPPLÉANTS	GRANDS PRIX	DIPLOME D'HONNEUR	MÉDAILLES D'OR	MÉDAILLES D'ARGENT	MÉDAILLES DE BRONZE	MENTIONS HONORABLES
France	149	7	3	3	76	17	14	13	19	
Allemagne..........	58	1	1		18	4	15	5		
Grande-Bretagne....	11		1		5	1	4			
Belgique............	21			1	3	3	9	5		
Italie......	6				2		3	1		
Suisse..............	2				1			1		
Haïti	2						1	1		
Etats-Unis	2						1		1	
Brésil	1							1		
Danemark	1							1		

(1) Exposants experts du Jury.

LISTE DES RÉCOMPENSES

Exposants Hors Concours en leur qualité de Jurés.

FRANCE

MM. Bardy (Alfred), à Paris.
Bruneau et Cᵢₑ (Bertaut-Blancard), à Paris.
Calot, à Berck-sur-Mer.
Capdepont (Dʳ), à Paris.
Plisson (Alfred), à Paris.

ITALIE

M. Invernizzi (Ernesto), à Rome.

ALLEMAGNE

M. Hauptner (H.), à Berlin.

Exposant Hors Concours en sa qualité d'Expert.

FRANCE

M. Bobier (Dʳ), à Paris.

Diplômes de Grand Prix.

FRANCE

ADNET (E.), à Paris.
ASSOCIATION INTERNATIONALE D'ENSEIGNEMENT MÉDICAL COMPLÉMENTAIRE.
AUBOURG (Dr Paul), à Paris.
BOUISSEREN (G.), à Paris.
BOULITTE (G.), à Paris.
CATHELIN (Dr F.), à Paris.
CAZIN (Dr Maurice), à Paris.
COLLECTIVITÉ DE LA PRESSE MÉDICALE (4 Exposants).
　En participation :
　　BUCHET ET Cie, à Paris.
　　CHAUVEAU (Dr Claude), à Paris.
　　ENSEIGNEMENT MÉDICO-MUTUEL INTERNATIONAL, à Paris.
　　GIRARD, à Paris.
COLLECTIVITÉ DE L'ART DENTAIRE (7 Exposants).
　En participation :
　　AUDY (Dr), à Senlis.
　　CERCLE ODONTOLOGIQUE DE FRANCE, à Paris.
　　DUBOIS (X.), à Paris.
　　FOURQUET (Elie), à Paris.
　　LEMIÈRE (Dr).
　　MORCHE (R.), à Asnières (Seine).
　　QUINCEROT (Charles), à Paris.
COLLECTIVITÉ DES AUTEURS (26 Exposants).
　En participation :
　　BARATOUX (Dr Jean), à Paris.
　　BAZOT (Etienne), à Paris.
　　BLONDEL (Dr).
　　BORNE (Léon), à Paris.
　　CHATEAU (Jean), à Grenoble (Isère).
　　CHATIN (Dr), à Paris.
　　CHERVIN (Dr), à Paris.
　　CHEVRIER (Dr), à Paris.
　　COULOMB (Dr), à Paris.
　　COZETTE (Paul), à Noyon (Oise).

Dufour (D^r), à Paris.

Emery (D^r), à Paris.

Galewzowsky (D^r).

Germain (Victor), à Poulon (Var).

Haret (D^r).

Lacaille (Dr Henri), à Paris.

Lacapère (D^r), à Paris.

Langenhagen (D^r de), à Paris.

Memier frères, à Levallois-Perret (Seine).

Miquet (Dr Albert), à Sainte-Gauburge (Oise).

Mouchet (Dr Albert), à Paris.

Piatot (Adrien), à Bourbon-Lancy (Saône-et-Loire).

Picqué (D^r), à Paris.

Rouffilange (D^r), à Paris.

Sifre (D^r).

Springer (Dr Maurice).

Delaire (Léon), à Paris.

Drapier et fils (Van Steenbrugghe et Breton, successeurs), à Paris.

Dumouthiers, à Paris.

Enseignement professionnel de la mécanique orthopédique, prothétique, herniaire et chirurgicale, à Paris.

Flicotéaux, Boutet et Cie, à Paris.

Froussard (Dr Paul), à Paris.

Gaillard (Léon), à Paris.

Gaston (Dr Paul-Louis), à Paris.

Godon (D^r Ch.), à Paris.

Guillemaud (Georges), à Paris.

Hartenberg (Dr P.), à Paris.

Infroit (Charles), à Paris.

Jousset (Dr Marc), à Paris.

Laurens (Dr Georges), à Paris.

Legrand (Henri), à Paris.

Lemerle, à Paris.

Monprofit (Prof^r), à Angers (Maine-et-Loire).

Mougin (Dr Joseph), à Paris.

Odelin (Gabriel), Emaillerie Parisienne, à Billancourt (Seine).

Pannetier (Alphonse), à Commentry (Allier).

Pezzer (Dr Oscar de), à Paris.

Rainal (L. et J.) frères, à Paris.

Robert et Carrière, à Paris.
Roussel (Geo-A.), à Paris.
Société électro-industrielle et anciens Etablissements Mathieu réunis, à Paris.
Société française des tissus Tétra, à Paris.
Wickham (G. et H.), à Paris.
Wulfing Luer (Maison Luer), à Paris.
Zund-Burguet (Adolphe), à Paris.

ALLEMAGNE

Berkefeld-Filter, Gesellschaft m. b. H., à Celle.
Bier (D^r), professeur, à Berlin.
Börner et Herzberg, à Berlin.
Hartman (Paul), à Heidenheim.
Institut de précision grand-ducal de Saxe, à Ilmenau (Thuringe).
Kohl, Max (A. G.), à Chemnitz.
Kohm (Émile), à Carlsruhe-en-Bade.
Kratz (Ernst), à Francfort-sur-le-Mein.
Lentz (E.-A.), à Berlin.
Lentz (Ernst), à Berlin.
Muller Söhne (F. Ad.), à Wiesbaden.
Reiniger, Gebbert et Schall, Akt.-Ges. à Erlangen, Berlin.
Sartorius (F.), à Goettingue.
Schmicden et Boethke, à Berlin.
Schneider (Adam), à Berlin.
Webert et Hampel, à Berlin.
Windler (H.), à Berlin.
Zeiss (Carl), à Iéna.

GRANDE-BRETAGNE

Burroughs, Wellcome et Cie, à Londres.
Down Bros., Ltd., à Londres.
Griffin John and Sons, Ltd., à Londres
Martindale (William), à Londres.
Wellcome Physiological Research Laboratories, à Londres.

BELGIQUE

Fédération dentaire nationale belge, Union des Sociétés belges de dentistes, à Bruxelles.
Mayer (L.-A.), à Bruxelles.
Sanatorium populaire de la Hulpe-Waterloo, à Waterloo.

ITALIE

Istituti clinici di perferzionamento di Milano.
Istituto Sieroterapico Milanese, à Milan.

SUISSE

Schaerer (S.-A.), à Berne.

Diplômes d'Honneur.

FRANCE

Amblard (Dr Louis), à Paris.
Ash (P.-C.), à Paris.
Banque du Radium, à Paris.
Barbarin (Dr Paul), à Paris.
Barrère (M.), à Paris.
Bascourret, à Paris.
Chompret (Dr Joseph), à Paris.
Compagnie Française des Peroxydes, à Paris.
Gendron (Dr Fernand), à Bordeaux.
Lepetit (Jules), à Paris.
Lièvre (Dr G.), à Paris.
Mencière (Dr Louis), à Reims.
Mendel (Dr Henri), à Paris.
Picard (Henri) et Frères, les Fils de Henri Picard, successeurs, à Paris.
Porgès (F. et J.), à Paris.
Société de l'Aniodol, à Paris.
Terrien (Dr Félix), à Paris.

ALLEMAGNE

Brockdorff-Witzenmann-Werke, G. m. b. H., à Berlin.
Lieberg (J. et H.), à Cassel.
Rheinische Glashutten Aktien Gesellschaft, à Cologne, Ehrenfeld.
Zimmermann (E.), à Leipzig.

GRANDE-BRETAGNE

Brady et Martin, Ltd., à Newcastle-on-Tyne.

BELGIQUE

Claes (Gust.), à Bruxelles.
Le Marinel, de Munter, Gommaerts, Gunsbourg (D^{rs}), à Bruxelles.
Manufacture belge de Gembloux, à Gembloux.

Diplômes de Médaille d'Or.

FRANCE

Borney (A.), à Paris.
Carles (Henri), à La Madeleine (Nord).
Fasquelle (Dr André), à Paris.
Lemasson-Delalande (D^r Th.), à Paris.
Meinard, Van Os, à Paris.
Moria (P.), à Paris.
Ombredanne (Dr L.), à Paris.
Pitsch (Georges), à Paris.
Pont (Dr Albéric), à Lyon.
Renault (Dr Charles), à Paris.
Reviron, Bugnet et Pomies, à Paris.
Société Anonyme de l'Aliment essentiel, à Nanterre (Seine).
Société Française de Fournitures dentaires, à Paris.
Viault (Pierre), à Paris.

ALLEMAGNE

Bender (Émile), à Kaiserslautern (Palatinat rhénan).
Benninghoven (D^r) et Sommer, à Berlin.
Bornhauser (Martin), à Ilmenau-en-Th.

Breidenbruch et Rosenkaimer, à Wald (Province rhénane).
Busch (Émile), à Rathenow.
Cassel (B.-B.), à Francfort-sur-le-Mein.
Dums (Dʳ), à Leipzig.
Haertel (Georges), à Breslau et à Berlin.
Institut Pathoplastique (F. Kolbom), à Dresde.
Jahnle (E.), à Berlin.
Linke (Conrad), à Lössnitz (Erzgebirge).
Paris (Adolph), à Altona.
Sanitas, Société d'électricité, à Berlin.
Winkel (R.), à Goettingue.
Wolf (Georg.), G. m. b. H., à Berlin.

GRANDE-BRETAGNE

Birmingham Dentol Supply et Manufacturing Cᵒ, Ltd., à Fieldgate,
    Walsall.
Fletcher, Russell and Cᵒ, Ltd., à Warrington.
Gowlland (William), Ltd., à Croydon.
The Tintometer, Ltd, à Salisbury.

BELGIQUE

Buisset (Xavier), à Vilvorde.
Cordier (Edmond), à Bruxelles.
De Leeuw (Adolphe-Nicolas), à Bruxelles.
Deprez (Henri), à Bruxelles.
Dupont (Emile), à Bruxelles.
Institut de mécanothérapie de et à Bruxelles.
Jongen (François), à Hasselt.
Simon (Alexandre), à Bruxelles.
Van Velsen (Prosper), à Bruxelles.

ITALIE

Instituti Riuniti di terapia fisica, à Naples.
Istituto di Radiologia dell'Ospedale di S. Giovanni, à Turin.
Nebridio Valeggia fri O., à Padoue.

HAITI

Casséus (Dʳ), à Gonaïves.

ÉTATS-UNIS

GLOBE EAR PHONE C°, à Boston (Mass).

Diplômes de Médaille d'Argent.

FRANCE

BARRIÉ (Jean), à Paris.
BURG (Jean), à Paris.

CHARBONNIER (Georges), à Paris.
CHOQUET (L.), à Paris.
DURET, à Paris.
FRANCIS (Jean), à Paris.
JOLY (Louis), à Calais.
KOENIG (Dr Charles), à Paris.
LALEMENT (Georges), à Paris.
RIGOLET, à Auxerre (Yonne).
RIVAUD, à Paris.
ROY (M.), à Paris.
SANTÉ DE NEUVILLE (Maison de), à Paris.

ALLEMAGNE

BECK, GEORG ET Cⁱᵒ, Berlin.
ILMENAUER-GLASINSTRUMENTEN FABRIK ALBERT ZUEKSCHWERDT, à Ilmenau-Th.
KOHLER (Fritz), à Leipzig.
MEDIZINISCHES WARENHAUS, Akt. Ges., à Berlin.
« POLYFREQUENZ », Soc. Anonyme, à Hambourg.

BELGIQUE

DUMONCEAU (Albert), à Bruxelles.
HULET (Télesphore), à Ixelles.
SASSERATH (Alphonse), à Bruxelles.
STEINHAUS (Jules), à Bruxelles.
VANDENDAELEN (Emile) ET FILS, à Grammont.

ITALIE

Castagnarj (Jean), à Bologne.

SUISSE

Ducimetière (Jean).

BRÉSIL

Gilger (Henrique), à Saint-Paul.

HAITI

Laboratoire du docteur Séjourné, à Port-au-Prince.

DANEMARK

Niels (Larsen), à Copenhague.

Diplômes de Médaille de Bronze.

FRANCE

Bouvet (J.), à Angers.
Couraux (Henri), à Epernay (Marne).
Courmand (Dr F.), à Paris.
Debray (André), à Saint-Germain-en-Laye.
Dequéant (Louis), à Chelles (S.-et-O.).
Dubois (V.), à Paris.
Duchatellier (Mme), à Paris.
Dussaigne (G.), à Saint-Amand-Montrond (Cher).
Feignoux (Raoul), à Montreuil-sous-Bois.
Ferrand (François), à Paris.
Ferrand (Jack), à Paris.
Levett (W.-W.), à Paris.
Miégeville, à Paris.
Moreau, à Paris.
Parant (Léon), à Lons-le-Saulnier.

Régis (M.), à Paris.
Ruppe (Louis), à Paris.
Sadrin (Louis), à Paris.
Société Française des Produits d'Hygiène buccale, à Paris.

ÉTATS-UNIS

Standar Optical C°, à Geneva (N.-Y).

PROGRÈS ACCOMPLIS
DANS LES SCIENCES DE LA MÉDECINE
ET DE LA CHIRURGIE
AINSI QUE DANS LES INDUSTRIES
AFFÉRENTES A CES SCIENCES

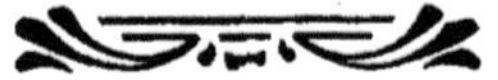

Résumé historique des grandes découvertes de la Médecine et de la Chirurgie.

1ʳ MÉDECINE ET CHIRURGIE

La médecine et la chirurgie ne sont réellement entrées dans la voie qui devait les conduire à leur état actuel qu'après la Révolution française.

La Médecine dans l'antiquité.

L'antiquité avait eu des médecins dont le nom a passé à la postérité : leur science, à peu près uniquement empirique, représentait déjà un progrès sur l'époque mystique.

Pendant des siècles, l'homme, dans son ignorance pleine de crainte, incapable d'attribuer aux maux qui dévastent le genre humain une cause d'ordre physique, y vit l'expression d'une volonté surnaturelle.

On songea, dès lors, à apaiser le courroux divin, à l'aide de conspirations, de sacrifices, d'incantations. Aux pratiques médicales proprement dites, à une médication primitivement grossière, vinrent s'ajouter des pratiques religieuses.

La médecine en arriva donc à faire partie presque intégrante du culte : elle devint sacerdotale.

Dans certains pays, on alla même jusqu'à décerner les attributs de la divinité à ceux qui passaient pour avoir, les premiers, exercé l'art de guérir.

Hippocrate et Galien.

Mais franchissons le cours des siècles, et nous constatons que la médecine et la chirurgie se contentent des observations faites par Hippocrate, le « Père de la Médecine », et par Galien.

Jusqu'à la fin du xvi° siècle, le *galénisme*, en effet, dominera la médecine, sans que rien y soit modifié. Galien sera l'unique auteur que l'on consultera et le seul arbitre de la science. Et la foi et le respect qu'il inspirera seront tels, que lorsque Mundinus, au début du xiv° siècle, donnera, à la suite de dissections humaines, des descriptions anatomiques pourtant exactes, mais non conformes à celles de Galien, plutôt que d'admettre un instant la possibilité d'une erreur de sa part, on préférera accuser la nature d'avoir changé depuis que le maître avait parlé !

Ambroise Paré et la ligature des artères.

Cependant, malgré l'infaillibilité de Galien, le xv° et le xvi° siècles virent d'assez nombreuses réformes médicales, notamment *la ligature des artères*, imaginée vers 1553 par Ambroise Paré, qui voulait remplacer, chez les amputés, la cautérisation au fer rouge jusqu'alors employée pour arrêter l'hémorragie.

Nous ne saurions, non plus, passer sous silence le nom de Paracelse, qui fut l'adversaire des théories de Galien et eut l'idée d'extraire d'une substance son principe actif, sa « quintessence », comme il disait, et de l'appliquer au traitement de telle ou telle maladie, suivant la spécificité de celle-ci.

La circulation du sang.

Les premières années du xvii° siècle furent marquées par un événement considérable, qui anéantit une opinion professée depuis la suite des siècles. En 1613, Guillaume Harvey démontre la circulation du sang.

Cette découverte, dont l'importance capitale n'a pas besoin d'être démontrée, ne compte pas encore trois siècles de pratique ! Et pourtant, certains voudraient enseigner la haute antiquité de la science médicale.

La découverte de Harvey suscita une vive émotion chez la plupart

des médecins de cette époque. La Faculté de Paris, par l'organe de
son doyen Guy-Patin, déclara la circulation « fausse, impossible,
absurde, inutile, nuisible à la vie de l'homme, etc. ».

Ce n'est pas sans crainte que Gustave Harvey avait exposé sa
théorie, si opposée aux idées adoptées par tous les savants. Ce n'est
qu'en 1628 qu'il se décida à livrer à la presse l'ouvrage dans lequel
il avait consigné ses recherches.

Près de cent ans avant Gustave Harvey, Michel Servet avait écrit
dans son ouvrage *Restauration du Christianisme* que la cloison
du cœur n'est pas perforée, et qu'à cause de son imperméabilité, le
sang doit passer par l'artère pulmonaire dans le poumon pour reve-
nir dans l'oreillette gauche par la veine pulmonaire. C'était indiquer
fort nettement la *circulation pulmonaire* ou *petite circulation*.

Cette découverte, qui contrariait les adeptes de Galien, avait mérité
à Michel Servet d'être condamné au bûcher pour hérésie : moyen
vraiment radical d'éviter les controverses et qui a retardé d'un
siècle les progrès d'une science qui a toujours servi l'humanité.

Le XVIII° siècle.

Nous passons rapidement, et nous arrivons au xviii° siècle.
Les progrès qui se sont accomplis dans les diverses branches de la
médecine vont devenir de plus en plus manifestes.

L'anatomie et la physiologie s'enrichissent d'une foule de connaissances nouvelles. La clinique réalise de nombreux progrès, et
bien que diverses doctrines succèdent tour à tour à la chimiâtrie
et à l'iatro-mécanisme du xvii° siècle, la médecine parvient cependant à secouer le joug des systématistes et à recouvrer son indé-
pendance.

L'hygiène et la thérapeutique mettent à profit les recherches des
physiciens, des chimistes et des naturalistes.

La chirurgie, elle aussi, étend considérablement son domaine.

Mais parmi les découvertes les plus considérables du xviii° siècle,
figure celle des phénomènes chimiques de la respiration, dont la
découverte est l'œuvre des savants Priestley et Lavoisier. Elle est
considérée comme le couronnement de l'œuvre de Harvey.

Depuis Galien, qui croyait que le sang allait se rafraîchir et se
pneumatiser dans le cœur au contact de l'air, on n'avait guère consi-
déré les poumons que comme étant de simples réservoirs où celui-
ci venait s'accumuler.

L'Inoculation variolique.

Nous ne pouvons abandonner le xviiiᵉ siècle sans dire quelques mots de l'inoculation variolique et de la découverte de la vaccine, la plus précieuse découverte thérapeutique de cette époque.

De nombreux préjugés combattirent d'abord la vaccination, en France principalement. Néanmoins, elle fut acceptée comme étant un des plus puissants moyens préservatifs que l'homme ait à sa disposition pour se prémunir contre la maladie.

On sait que Jenner a eu le mérite d'introduire l'usage du vaccin dans la pratique médicale et qu'il fut un des plus remarquables apôtres de cette méthode qui demeure une des bases de la médecine moderne.

Enfin, c'est également pendant le xviiiᵉ siècle que parurent deux sciences nouvelles, qu'on voulut classer parmi les systèmes médicaux ; nous voulons parler du *magnétisme* ou *mesmérisme* et de l'*homéopathie*.

Cet ensemble de découvertes fut certainement fort remarquable, mais la plupart n'ont que préparé les voies à la médecine moderne.

Le XIXᵉ siècle.

Le xixᵉ siècle est plus fécond en découvertes médicales ou chirurgicales que les siècles précédents réunis.

Grâce aux travaux de savants des xviiᵉ et xviiiᵉ siècles, la médecine et la chirurgie parurent au xixᵉ siècle sous l'aspect d'une science exacte et non plus comme une évocation de la puissance divine ou comme une farce digne d'inspirer un nouveau Molière.

Les recherches avaient abouti à donner à la science la connaissance du fonctionnement de la vie humaine; il appartenait au xixᵉ siècle de faire pénétrer dans la pratique les résultats de ces recherches, dont beaucoup n'étaient pas sorties des laboratoires.

Pinel, Bichat, Laënnec, voici les trois grands noms que la médecine inscrit en tête du xixᵉ siècle. Se dégageant de tout système métaphysique par trop absolu, pour s'en tenir exclusivement à l'observation raisonnée, ils firent entrer la médecine dans une voie rationnelle.

Pinel et les aliénés.

Pinel protesta avec force contre les mauvais traitements et les procédés de coercition brutale alors en usage dans le traitement des aliénés. Il montra qu'à tous ces moyens violents il était plus avantageux et plus humanitaire de substituer un traitement moral aidé d'une douce répression. Il chercha aussi les moyens d'alimenter ceux des aliénés qui refusaient toute nourriture et qu'on laissait mourir de faim ; il fit voir, en outre, la nécessité qu'il y a de séparer les malades par quartiers distincts.

C'est à Pinel que revient l'impérissable honneur d'avoir défendu la cause des aliénés et d'avoir amélioré leur condition. L'Étranger suivit l'exemple de la France.

Bichat et la vie des tissus.

De son côté, Bichat créait « l'anatomie générale » et faisait entrevoir les causes mêmes de la maladie.

Contrairement à l'opinion reçue jusqu'alors et qui attribuait à chacun de nos organes une *vie propre*, Bichat faisait voir que ceux-ci ne sont composés que de tissus simples, très différents, au nombre de vingt et un (tissus cellulaire, nerveux, artériel, cardiaque, osseux, cartilagineux, etc.), pouvant être altérés isolément dans les organes, quoiqu'étant, dans ceux-ci, dans une certaine dépendance les uns des autres. Comme conséquence de ce fait, il montrait la plupart des maladies locales comme affectant presque toujours, non un organe particulier, mais un tissu quelconque dans celui-ci.

Laënnec et l'auscultation.

Dix-sept ans après la mort de Bichat, un autre homme de génie, et qui, comme ce dernier, honore la science française, Laënnec, mettant à profit une circonstance toute fortuite, qui lui avait fait découvrir le stéthoscope, instrument destiné à localiser et à renforcer les bruits de la poitrine, concevait et réalisait l'idée d'étudier les bruits du poumon et du cœur, comparativement à l'état sain et à l'état maladie, et, des caractères distinctifs de ces bruits, tirait des éléments nouveaux de diagnostic.

Ainsi, en effet, était découverte l'*auscultation*, méthode qui, combinée à cette autre méthode découverte par Auenbrugger, et tirée de l'oubli par Corvisart, la percussion, allait permettre de débrouiller le chaos des affections cardiaques et pulmonaires.

Broussais et sa doctrine de l'inflammation.

A côté de ces hommes éminents, il convient de faire une place à Broussais, lequel, dit Bouchut, « fit autant de bruit qu'un homme puisse en faire dans la vie » et, par sa doctrine de l'*inflammation*, ne tenta rien moins que de réformer complètement la science, et aussi la thérapeutique.

Depuis longtemps, la thérapeutique de Broussais a été jugée, voire même condamnée. L'observation a montré que si une médication antiphlogistique est utile dans certains cas, fort souvent en revanche, même dans les maladies inflammatoires, il est indispensable de tonifier et de réconforter les malades.

Broussais n'en occupe pas moins une place considérable dans l'histoire médicale de la première moitié du xixᵉ siècle.

Mais les sciences médicales vont prendre un essor remarquable et si considérable qu'il nous devient presque impossible de parler, dans un travail dont le cadre est aussi restreint que notre Rapport, de tous les travaux qui, depuis le xixᵉ siècle, ont surgi de tous côtés.

Nous nous contenterons d'une énumération, sans doute un peu sèche, mais qui, à elle seule, forme un splendide monument élevé à la gloire de la Science.

Anatomie descriptive.

En effet, pourrions-nous résumer en quelques mots les magnifiques études, en *anatomie descriptive*, des Cruveilhier (1791-1874), des Béclard (1785-1825), des Richet, des Sathey et de tant d'autres savants illustres, tant en France qu'à l'étranger ?

Anatomie générale.

Pourrions-nous également décrire tous les progrès accomplis par l'*anatomie générale* ou *histologie* (soit normale, soit pathologique),

cette science si intéressante et si éminemment utile, créée par le
génie de Bichat ?

Pour cela, il nous faudrait, remontant aux travaux de Wild Philips,
qui, le premier, en 1801, étudia sur l'animal vivant les lésions
microscopiques de l'inflammation et rappelant aussi les recherches
de Royer-Collard, en 1827, sur les divers états de la matière orga-
nique, celles de Raspail et de Dutrochet, nous arrêter sur les travaux de Schleiden et de Schwann, qui, vers 1838, découvrirent
avec la *cellule*, l'élément primordial de la matière organisée, soit
végétale, soit animale.

La théorie cellulaire.

Après cette découverte, qui faisait naître la *théorie cellulaire*,
nous devrions analyser les recherches de l'école histologiste allemande, représentée par Müller, Mandl, Kölliker, Reichert, Lebert,
Virchow, recherches à la suite desquelles plusieurs des tissus isolément décrits par Bichat allaient être réduits à un seul, le tissu
conjonctif.

Enfin, après avoir examiné les travaux français de Ch. Robin,
lequel, contrairement à l'école allemande, plaçait le dernier terme
de l'analyse de la matière vivante non plus dans la cellule, mais
dans la *granulation moléculaire*, nous aurions encore à parler des
recherches modernes des Ranvier, des Cornil, etc.

La physiologie.

Et maintenant, si nous abordons le problème de la physiologie,
nous nous trouvons en présence des mêmes difficultés pour déve-
lopper les remarquables travaux de la science moderne. Comment
résumer, en quelques mots, les admirables expériences de
Magendie (1783-1855) mettant en lumière les fonctions motrices des
racines antérieures des nerfs rachidiens et les fonctions sensitives
des racines postérieures ; ses expériences sur la moelle épinière, sur le
liquide céphalo-rachidien, sur l'encéphale, etc. ; les belles recherches
de Flourens (1794-1867) sur le mode de développement des os
et leur régénération par le périoste, sur le *nœud vital*, sur les
hémisphères cérébraux et leur rôle dans les perceptions des sen-
sations et la manifestation de la volonté, sur le cervelet, sur l'action

anesthésique de l'éther, celle du chloroforme ; les travaux de Longet (1810-1871) ; ceux de Marshall-Hall sur les actions réflexes de la moelle, ceux de Waller sur la dégénérescence des nerfs, etc., etc. ?

Pour parler de l'œuvre de Claude Bernard (1813-1878), il faudrait plusieurs livres consacrés à ses merveilleux travaux sur le pancréas et l'action du suc pancréatique, sur la fonction glycogénique du foie, sur la chaleur animale, sur le nerf grand sympathique et son influence sur la contractilité des vaisseaux, sur l'action élective du *curare* sur le système nerveux moteur, sur l'influence toxique de l'oxyde de carbone sur les globules du sang, etc.

Et nous n'aurions rien dit des Schiff, en Italie ; ni des Helmohtz, ni des Budge, ni des Dubois-Reymond, ni des Ludwig, ni des Fritsch, ni des Hitzig, en Allemagne ; ni des Ferrier, en Angleterre ; ni des Putnam, en Amérique ; non plus que de nos autres illustres compatriotes, Küss, le dernier maire français de Strasbourg, Vulpian, Bert, Chauveau, Marey, Collin (d'Alfort), Brown-Séquart, etc., etc., qui, tous, ont attaché leur nom à des découvertes physiologiques de la plus haute importance.

La pathologie médicale.

En *pathologie médicale*, notre tâche ne serait ni moins longue, ni moins difficile, si nous voulions, même sans sortir de notre pays, analyser, à côté des recherches cliniques de Laënnec, celles de Corvisart (1775-1821) sur les affections du cœur; celles de Bayle (1774-1816) sur la phtisie pulmonaire ; celles de Rostan (1796-1866) sur les affections du cerveau ; celles de Louis (1787-1872), de Cuveilhier (1791-1874), de Chomel (1788-1858), de Rayer (1793-1867), de Bouillaud (1796-1881), de Bretonneau (de Tours) (1778-1862), tous dignes prédécesseurs de Trousseau (1801-1867), de Grisolle (1811-1869), de Gintrac (1791-1877) et, plus près de nous, de Lasègue et de Jaccoud.

Les travaux de Duchesne (de Boulogne) (1806-1875), et ceux de Vulpian sur les affections nerveuses; ceux du Prof' Charcot et de l'École de la Salpêtrière sur les localisations cérébrales et la pathologie nerveuse, sur l'hystérie, sur l'hypnotisme; enfin, les recherches modernes sur les *microbes pathogènes*, recherches inspirées par les découvertes de Davaine et de Pasteur, devraient tenir, aussi, une large place dans cette revue des grands faits médicaux de l'époque contemporaine.

Mais ce n'est pas seulement dans les sciences médicales que, partout, on constate une émulation merveilleuse pour arracher *la vie* à la mort prématurée et à la souffrance. En chirurgie, l'audace des maîtres modernes ne s'effraye plus des opérations auxquelles renonçaient d'habitude, il y a peu d'années, les meilleurs chirurgiens, parce qu'elles étaient réputées mortelles.

La chirurgie et la médecine ont été heureusement secondées par les merveilleuses innovations qui les ont enrichies : l'anesthésie chirurgicale et les méthodes antiseptique et aseptiques.

2° L'ANESTHÉSIE CHIRURGICALE

L'idée de rechercher les moyens propres à abolir ou tout au moins à atténuer la douleur, provoquée soit par les grands traumatismes, soit par les opérations de chirurgie, n'est pas, contrairement à ce qu'on pourrait s'imaginer, de date absolument récente.

Outre le suc du pavot ou *opium*, qu'ils connaissaient très bien, et la racine de mandragore dont les propriétés narcotiques jouissaient d'une grande réputation et qu'ils faisaient prendre en décoction à l'intérieur, les anciens, d'après Dioscoride et Pline, utilisaient aussi, en applications locales destinées à rendre insensibles les parties qu'on devait cautériser ou couper, une sorte de liniment composé d'une certaine *pierre de Memphis*, broyée et délayée dans du vinaigre.

Plus tard, à ces divers moyens plus qu'imparfaits, on avait tenté d'associer ou de substituer soit l'usage de certaines drogues volatiles qu'on faisait inspirer aux malades, et dont quelques alchimistes, Albert le Grand entre autres, nous ont laissé des descriptions, soit encore la compression des vaisseaux et des gros troncs nerveux.

Cependant, vers 1795, un médecin anglais du nom de Beddœs, imaginant d'utiliser, pour le traitement de la phtisie et quelques autres affections pulmonaires, les installations de certains gaz, avait fondé à Clifton, près Bristol, un « Institut pneumatique », lequel comprenait un laboratoire pour la préparation des gaz et un hôpital pour loger les malades.

A la tête du laboratoire, Beddœs avait mis un jeune chimiste, à peine alors âgé de vingt ans, mais auquel était réservé le plus brillant avenir, Humphry Davy.

Celui-ci, en expérimentant sur *l'oxyde nitreux* ou protoxyde d'azote, avait reconnu que ce gaz, inspiré pendant quelques instants, amenait des phénomènes d'ivresse, souvent accompagnés d'une crise spasmodique caractérisée par un rire nerveux, et parfois même suivis d'une anesthésie presque complète.

Humphry Davy pensa que ce gaz, qu'il avait surnommé *gaz hilarant*, pouvait être utilisé en chirurgie pour faire les opérations sans douleur.

De tous les côtés à la fois, et tant à l'étranger qu'en Angleterre, de nombreuses expériences furent donc entreprises dans ce but. Malheureusement, les résultats ne répondirent pas d'abord à ce qu'on attendait.

On renonça donc bientôt au gaz hilarant, et la question de l'anesthésie retomba ainsi dans l'oubli.

Le hasard allait l'en tirer de nouveau, en 1842, mais cette fois pour la faire entrer dans une phase vraiment scientifique.

Un médecin américain nommé Jackson, avait, en préparant du chlore, malheureusement aspiré une certaine quantité de gaz. Une violente irritation des premières voies respiratoires avait suivi cet accident. Pour y remédier, Jackson imagina de faire quelques inhalations d'éther ; mais ayant prolongé un peu trop celles-ci, il ressentit bientôt tous les effets de l'anesthésie.

Plusieurs fois, commodément installé dans une berceuse, il renouvela cette expérience, et les mêmes résultats s'étant invariablement reproduits, il ne tarda pas à se convaincre de la réalité des propriétés stupéfiantes de l'éther et de la possibilité qu'il y avait, en utilisant cette substance, d'opérer un malade sans douleur.

Néanmoins, pendant quatre ans, Jackson garda cette remarque pour lui.

Ce n'est qu'en 1846 que l'auteur de cette découverte se décida à en faire part à un dentiste de Boston, Morton, lequel, ignorant le nom même de la substance que Jackson lui remettait, n'hésita pas à en essayer l'usage sur un client auquel il devait arracher une dent.

L'extirpation de la dent fut faite sans douleur. L'expérience justifiait pleinement les observations de Jackson.

A l'instigation de celui-ci, le dentiste Morton alla trouver alors le Dr Warren, chirurgien de l'hôpital de Massachussetts, pour lui demander l'autorisation d'administrer l'éther dans une opération plus sérieuse.

... « Rendez-vous fut pris, écrit M. Perrin, pour le vendredi 17 octobre, à dix heures du matin. Morton, à l'aide de l'appareil à deux tubulures qui porte son nom, administra lui-même la préparation restée secrète. Au moment jugé convenable, l'opération fut pratiquée ; le malade, interrogé au réveil, déclara n'avoir rien ressenti. Le jour suivant, nouvelle opération pratiquée sans douleur, au même hôpital, par le Dr Hayward, sur une femme qui portait une tumeur au bras. Une résection partielle de la mâchoire inférieure et une amputation de cuisse furent pratiquées avec le même bonheur, au commencement du mois de novembre. »

Cette découverte fit un bruit énorme, dès qu'elle fut connue en Europe.

Dans son service de l'hôpital Saint-Louis, Malgaigne fut le premier à vérifier les phénomènes de l'éthérisation, et le 12 janvier 1847 il rendit compte à l'Académie de médecine des résultats qu'il avait obtenus.

Dans une communication analogue, six jours plus tard, Velpeau, de son côté, signalait les avantages de la découverte de Jackson.

La solution du problème de l'anesthésie était donc enfin trouvée.

Cependant, presqu'en même temps, Flourens découvrait les propriétés anesthésiques du *chloroforme*, en soumettant des animaux aux vapeurs de cette substance jusqu'alors inconnue.

Ce produit devait bientôt remplacer avantageusement l'éther dans la pratique chirurgicale. Le chirurgien anglais Jacob Bell, puis le Dr Simpron, d'Edimbourg, l'ayant expérimenté sur l'homme, conclurent à son adoption de préférence à l'éther.

De nos jours, plusieurs anesthésiants nouveaux ont été introduits dans la pratique chirurgicale. Mais le chloroforme conserve la préférence des chirurgiens. Sa préparation, qui demande les soins les plus minutieux, a fait l'objet de recherches très savantes. A l'Exposition de Bruxelles, nous avons été heureux de constater la présence des pharmaciens qui ont le plus étudié ce produit. Nous aurons l'occasion d'en parler dans la partie de ce travail consacré aux Exposants de la Section française.

3° LA STÉRILISATION

a) L'Antisepsie. — *b*) L'Asepsie

A) Antisepsie

(Stérilisation par les procédés chimiques)

La méthode antiseptique a fait l'objet, en ces dernières années, de travaux remarquables ayant pour auteurs les maîtres les plus éminents de la chirurgie moderne. Sans citer tous les ouvrages qui ont paru sur cette question, d'une aussi haute portée scientifique, nous croyons néanmoins devoir mentionner ici les noms des Chalot *(Traité de chirurgie et médecine opératoire)*, Lucas-Championnière *(Chirurgie antiseptique)*, d'Arsonval et Charvin *(Archives de physiologie)*, Doyen *(Technique opératoire)* Forgue et Reclus *(Traité de thérapeutique chirurgicale)*, Poupinel *(Stérilisation par la chaleur)*, Pozzi *(Traité de gynécologie)*, Roux *(Annales de l'Institut Pasteur, 1887)*, Strauss *(De la stérilisation par la chaleur)*, Tarnier *(L'antisepsie en obstétrique)*, Terrier *(Manuel d'asepsie et d'antisepsie chirurgicales)*, etc., etc.

Cette liste, beaucoup trop résumée, est une démonstration de l'importance qui a été et qui demeure attachée à la question.

Les mémorables travaux de Pasteur et de son école, sur l'importance des germes pathologiques dans l'étiologie des maladies infectieuses, servirent de base à la thérapeutique chirurgicale. Ils furent le point de départ des recherches qui aboutirent à la découverte de l'action microbicide de certains produits chimiques.

L'antisepsie fut ainsi créée.

Ce mode de stérilisation par les agents chimiques eut tout d'abord une réputation merveilleuse, et l'on ne pouvait, il y a quelques années, entrer dans une salle d'opération sans être incommodé par les émanations violentes de l'acide phénique.

Or, aujourd'hui, on sait qu'un grand nombre de microorganismes se cultivent dans du bouillon phéniqué, même à des doses assez fortes.

L'acide borique a été aussi présenté comme un agent antiseptique remarquable. Il est déchu de ce pouvoir depuis que des expériences ont démontré qu'on pouvait cultiver toutes les espèces microbiennes possibles en bouillon boriqué.

A la vogue ancienne de l'acide borique, de l'acide phénique, du sublimé, une époque plus rapprochée a vu fleurir la fortune de l'eau oxygénée et des différents produits oxygénés, peroxydes, oxygène à l'état naissant.

Après des expériences concluantes, ces produits ont été reconnus comme étant absolument impuissants pour désinfecter les compresses et les instruments opératoires : ils ne sont plus employés que lorsqu'on ne peut avoir recours à l'action de la chaleur.

Dans une thèse récente, M. Ad. Moisson a prononcé la courte oraison funèbre de cette méthode, dont la naissance avait soulevé l'enthousiasme général.

Il a écrit :

« Beaudouin, dans une thèse récente, conclut qu'il ne faut
» employer les antiseptiques comme agents stérilisants que lorsque,
» pour une raison quelconque, on ne peut se servir d'autres agents
» à action plus sûre et plus rapide.

» Nous conclurons qu'on ne doit jamais employer les antisep-
» tiques comme agents stérilisants, et qu'en se plaçant dans les con-
» ditions chirurgicales même les plus mauvaises, chirurgie d'armée
» ou de campagne, on peut toujours, même avec des procédés cer-
» tains, faire une stérilisation suffisante avec les agents physiques :
» il y a partout de l'eau et du feu... »

B) L'ASEPSIE

(Stérilisation par les procédés physiques)

En raison donc de l'insécurité de l'antiseptisation par les agents chimiques dans la pratique chirurgicale, et de la possibilité des intoxications à la suite de l'emploi des antiseptiques, la chirurgie s'est tournée vers l'*asepsie*, dont le principe est de ne mettre au contact de la plaie que des objets absolument privés de tout germe et rendus stériles par des moyens physiques.

L'aseptisation, c'est-à-dire la stérilisation par les moyens physiques, s'appliquant soit aux objets de pansement, soit aux préparations pharmaceutiques, peut être obtenue par la chaleur ou par la filtration.

Poupinel, dans un travail publié en 1888 dans la *Revue de Chirurgie*, reconnaît que la chaleur sèche est, à degré thermométrique égal, beaucoup moins efficace que la chaleur humide.

Par exemple, les microbes qui ne résistent pas à la température de 120° en vapeur humide auront besoin, pour être définitivement détruits, d'être portés à la température de 180° à 200° à l'étuve sèche.

L'industrie construit des appareils de modèles variés pour la stérilisation pharmaceutique et chirurgicale.

L'aseptisation par la chaleur peut être obtenue :

1° Par la chaleur sèche à 180°;

2° Par la chaleur humide à 120°;

3° Par la chaleur discontinue.

I. — ASEPTISATION PAR LA CHALEUR

1" *Aseptisation par la chaleur sèche*

Ce mode de stérilisation est surtout employé pour aseptiser les ustensiles inaltérables.

On peut ramener les appareils basés sur le principe de l'air surchauffé à trois types principaux :

Le premier est l'étuve à chaleur sèche de Poupinel, construite par la maison Lequeux et connue sous le nom de stérilisateur universel et qui se présente sous deux modèles différents : l'un, disposé pour la stérilisation des objets de pansement, contient au maximum des boîtes de 30 centimètres de long sur 15 de large ; le second est plus grand et destiné à des installations d'hôpitaux ou de cliniques.

Ces appareils présentent un grave inconvénient : c'est que la stérilisation n'est pas faite avec une sécurité absolue. En les utilisant, on s'expose à avoir en certains points des températures très variables. Pour contrôler l'unité de température, il est constant de suspendre dans l'appareil des tubes-témoins fondant à 180°.

Des industriels, pour apporter un remède efficace à cet inconvénient, ont construit des étuves en tôle galvanisée à système tubulaire, munies de régulateurs de température, dans lesquelles la répartition de la chaleur est uniforme.

Dans les laboratoires de bactériologie, on utilise en général le *four à flamber* de Pasteur, pour aseptiser le matériel de verrerie.

Sur le même modèle que l'étuve à chaleur sèche de Poupinel sont établies l'étuve portative de Mariaud, l'étuve sèche de Sorel, le stérilisateur de Péan, le stérilisateur électrique de Lequeux, celui de Wiart.

En général, ces différentes étuves peuvent rendre des services équivalents.

Le deuxième appareil construit sur le même principe de la stérilisation par l'air surchauffé est connu sous le nom d'étuve de Doyen. Cet appareil est composé de deux parties, l'une inférieure pour stériliser les instruments et les pansements, l'autre supérieure pour le chauffage du linge.

Le troisième appareil, auquel nous avons déjà fait allusion en signalant les étuves à système tubulaire, est connu sous le nom d'étuve système Leclerc. Cette étuve n'est plus, comme les précédentes, chauffée par une rampe à gaz extérieure, mais par un système tubulaire placé à l'intérieur de l'appareil et protégé du refroidissement extérieur par une double paroi fer et cuivre, séparées l'une de l'autre par une garniture d'amiante. Cet appareil peut être réglé pour marcher à 170".

En résumé, la stérilisation par l'air présente de graves inconvénients :

1° Variations de température dans les étuves ;

2° Variations thermiques changeant avec chaque modèle et d'autant plus accusées que l'appareil est plus grand ;

3° Nécessité, pour que la stérilisation par l'air chaud et sec soit réelle, de chauffer à 180°, ce qui occasionne l'altération des tissus.

2° *Aseptisation par la chaleur humide*

Après l'ébullition, qui est le plus simple des procédés de stérilisation, mais qui est souvent insuffisant, c'est surtout la vapeur d'eau sous pression, au repos ou en circulation, qu'on emploie pour la stérilisation des objets de pansement.

C'est elle qui est utilisée dans la grande majorité des étuves dites autoclaves : on peut obtenir, avec la vapeur d'eau sous pression, une température allant de 120 à 144°.

Il existe différents types d'appareils pour obtenir l'aseptisation par la chaleur humide. Nous croyons inutile d'en faire une description détaillée.

L'industrie fabrique des appareils permettant d'obtenir un asséchage presque parfait des pansements. Dans ce genre, nous signalerons, entre autres, le stérilisateur à vapeur, modèle Toul, construit par la maison Lequeux ; l'autoclave du système Vaillard ; le polyautoclave fixe des Drs Pozzi et Jayle, construit par la maison Flicoteaux.

Enfin, il existe dans l'industrie des stérilisateurs, dont les dispositifs, variables avec les inventeurs qui les ont brevetés, permettent la dessiccation rapide des pansements et la fermeture des boîtes, la stérilisation une fois faite à l'intérieur même de l'autoclave.

Il existe enfin des appareils spéciaux pour la stérilisation des objets de pansements par les vapeurs d'alcool sous pression.

3° Aseptisation par le chauffage discontinu

Cette méthode, dite tyndallisation, a été imaginée par Tyndall. Elle peut rendre des services pour l'aseptisation des éponges ou autres objets de pansements altérables par une température élevée. Elle est surtout utilisée pour stériliser les liquides albumineux.

II. — ASEPTISATION PAR FILTRATION

Cette méthode d'asepsie est employée lorsqu'il s'agit de stériliser des liquides ou des solutions qu'on ne peut soumettre à l'action de la chaleur sèche ou humide.

Le filtre de porcelaine dégourdie de M. Chamberland est celui qui a donné les meilleurs résultats.

En pharmacie, pour filtrer les liquides ou les solutions, on se sert aussi du filtre Kitasato.

On construit également des appareils pour filtration sous pression graduelle. La maison Adnet, à Paris, est connue pour ce genre d'appareils.

Mais la filtration, à travers les filtres de porcelaine ou d'amiante, ne peut donner un liquide absolument stérile qu'à la condition qu'une surveillance technique et de tous instants soit exercée : en pratique industrielle elle est en réalité insuffisante.

En résumé, l'action de la chaleur humide reste le seul procédé assurant une stérilisation rigoureuse.

STÉRILISATION DES FILS A LIGATURE

Nous avons indiqué quels sont les principaux modes de stérilisation employés pour les pansements, les appareils et les produits pharmaceutiques. Nous avons montré le rôle considérable que joue, dans la chirurgie moderne, cet ustensile qu'on nomme autoclave.

Lorsque Papin a découvert la puissance de la force vapeur, il ne se doutait certes pas que deux siècles après sa retentissante découverte, sa marmite servirait à la destruction des microbes !

Cependant, il est en chirurgie une question qui préoccupe, avec raison, les praticiens modernes. Elle a une importance capitale et nous avons cru devoir en faire une étude plus complète que celle consacrée aux pansements stérilisés.

Cette question est la stérilisation des fils à ligature et plus particulièrement du catgut.

Le catgut provient de l'intestin du mouton ; c'est ce qu'on nomme de la corde à boyau ; elle est formée par les fibres musculaires de l'intestin du mouton, c'est-à-dire qu'elle est constituée, au point de vue chimique, par des substances protéiques. A ce titre, elle a la propriété, sous l'influence des ferments protéolytiques sécrétés par les tissus, de se peptonifier, c'est-à-dire de se dissoudre. De là le nom de fil *résorbable* donné au catgut, employé surtout en chirurgie, pour les sutures profondes dites sutures perdues.

Dans un remarquable ouvrage intitulé « *Technique de stérilisation* », le Prof^r E. Gérard a fait un exposé des plus complets de la stérilisation du catgut.

Sans entrer dans des détails trop techniques, et qui ne peuvent intéresser que les professionnels, auxquels nous conseillons la lecture du traité du Prof^r Gérard, nous avons suivi l'éminent maître dans les principales parties de son exposé.

« La stérilisation du catgut, écrit M. le Prof^r Gérard, exige, en
» raison de sa composition, une technique spéciale et, de plus,
» l'asepticité complète ne peut être obtenue que par certains procé-
» dés qui demandent de la part de l'opérateur beaucoup de soins.

» On ne doit jamais oublier que le catgut, en raison même de son
» origine, est une substance éminemment septique, toujours
» polluée par une flore bactérienne très riche, comprenant presque

» toujours des bactéries pathogènes qui peuvent être sporulées et
» qui, par suite, sont très résistantes.

» Souvent le catgut est souillé par le bacille du tétanos, dont la
» présence est constante dans l'intestin des herbivores en général,
» et en particulier du mouton, et qui se retrouvent dans les cordes
» à violon.

» D'après Zaiatschowsky, le catgut contient aussi deux bactéries
» qu'il a désignées par les deux lettres A et B ; ces deux bactéries
» résistent non seulement à l'action de la chaleur sèche à 100°,
» mais encore à celle des substances chimiques ordinairement
» recommandées pour la stérilisation. Zaiatschowsky considère ces
» A et B comme spécifiques du catgut ; elles ne seraient pas patho-
» gènes par elles-mêmes, mais elles auraient la propriété d'exalter
» la virulence des microbes pathogènes. »

Comme on peut le constater, la stérilisation du catgut présente de
sérieuses difficultés.

Or, il n'est pas sans intérêt de rapprocher de la citation que nous
avons empruntée au traité récemment publié par le Prof' Gérard ce
qu'écrivait en 1888, il y a donc vingt-quatre ans, Poupinel.

Nous lisons dans la *Revue de Chirurgie* de cette année 1888 : « Les
fils à ligature, qu'ils soient en catgut ou en soie, les crins de
Florence usités pour les sutures, les drains de caoutchouc peuvent
être stérilisés par l'action de l'acide phénique ou du sublimé : la
quantité de substance toxique introduite ainsi dans la plaie ne peut
occasionner aucun danger pour l'opéré. »

C'est dans ce même acide phénique que Redard plonge des
aiguilles, des pinces à greffes infectées dans du pus blennorrha-
gique, du pus d'abcès froid ou du sang septicémique, pendant
douze ou même vingt-quatre heures, sans pouvoir obtenir la stérilisation !

Aujourd'hui, les procédés d'aseptisation qui sont pratiqués, tant
en France qu'à l'étranger, pour traiter le catgut, sont nombreux.

On peut, dit le Prof' Gérard, les diviser en deux classes :

a) *Stérilisation par les procédés physiques ou aseptisation ;*

b) *Stérilisation par les procédés chimiques.*

Nous ne pouvons entrer ici dans l'analyse des nombreux modes
d'aseptisation du catgut.

STÉRILISATION DU CATGUT PAR LES PROCÉDÉS PHYSIQUES

Le Prof^r Gérard en détaille plusieurs ; ceux de Reverdin, qui employait l'alcool anhydre ; de Leguen avec l'alcool absolu à 120° ; de Robert et Leseurre avec la benzine cristallisable ; de Barthe et Soulard, qui ont rendu pratique la méthode de stérilisation de M. Repin.

L'auteur de *la Technique de Stérilisation* décrit également le procédé de Triollet « qui a adopté un dispositif qui constitue, avec l'emploi de l'acétone, l'originalité de son procédé. Le catgut ainsi préparé présente, au point de vue de son asepticité, de sa solidité et de sa souplesse, toutes les garanties réclamées par la chirurgie ».

Le même auteur signale encore le procédé Guerbet, celui de Krönig, celui de Bardy et H. Martin, et enfin celui du Codex.

Dans la méthode de la *stérilisation par les procédés chimiques*, nous voyons employer la solution huileuse d'acide phénique (méthode de Lister modifiée par MM. Lucas-Championnière, Rapp, etc.) ; la solution de sublimé (méthode de MM. Schwartz, Braeatz, Bergmann) ; l'aldéhyde formique ; l'acide chromique.

L'emploi des essences a été également préconisé : MM. Thiersh, Kurster, A. Martin, Pozzi utilisent l'essence de bois de genévrier.

L'iode, le chloroforme iodé, la benzine iodée ; l'éther iodoformé, le sulfate d'ammoniaque, le collargol ont trouvé des partisans dans la recherche de la stérilisation du catgut.

Enfin, *des procédés qui utilisent à la fois la chaleur et les antiseptiques*, ont donné à leurs préparateurs des résultats qu'ils ont jugés bons.

Cette énumération, dans sa sécheresse, est néanmoins la preuve indiscutable de l'importance toute particulière qui s'attache à la question de la stérilisation du catgut.

Elle démontre le souci qu'ont les chirurgiens modernes et leurs collaborateurs, fabricants d'objets de pansements, de ne rien négliger pour réduire les risques de complications après les opérations.

L'Art dentaire.

Dans une conférence faite à l'Ecole dentaire de Paris, en novembre 1880, le D' Thomas passa en revue la science odontologique dans l'antiquité.

Selon l'honorable conférencier, Hippocrate, Galien, Oribase, Aétius, Paul d'Egine pour les Grecs, et Celse pour les Latins, composent la gloire de la profession de dentiste des temps reculés.

Hippocrate aurait fait un traité sur l'évolution des dents de lait, sur leur chute, sur l'issue tardive des dernières molaires, qu'il appelle, comme nous, « dents de sagesse ». Il connaissait les accidents de dentition, plus graves, d'après lui, en hiver qu'en été : la diarrhée, les convulsions, bénignes le plus souvent, mais parfois mortelles. Il connaissait la carie, dont il attribue la cause à l'amas de phlegme au-dessous des racines, les abcès alvéolaires, les phénomènes sympathiques déterminés parfois du côté de l'œil par des affections dentaires de longue durée. Il connaissait le grattage et l'avulsion. Il employait le poivre et l'ellébore comme remèdes.

Le D' Thomas croit que ces procédés ont constitué, à peu près, tout l'art dentaire des anciens, et même des médecins du moyen âge.

Galien prétendait calmer le mal de dents avec de la cervelle de lièvre.

Oribase, médecin de l'empereur Julien l'Apostat et demeurant avec son maître à Lutetia, au palais des Thermes, fut appelé auprès d'un centurion détaché dans un poste avancé et souffrant depuis plusieurs jours d'une violente névralgie dentaire. Il nettoya soigneusement l'orifice de la dent cariée, puis il prit un mélange de sa composition et qui était fait de poudre de pyrèthre, de poivre, de sommités d'euphorbe, le tout aggloméré avec de l'huile de lys. Il en imbiba un léger flocon de laine qu'il introduisit dans la dent malade. Il lotionna ensuite les gencives avec du vin chaud et les enduisit d'un corps gras.

Aétius procédait d'une manière beaucoup plus simple : il guérissait au nom du Père, du Fils et du Saint-Esprit. Il favorisait le percement des molaires en suspendant au cou des enfants une dent de vipère mâle !

Paul d'Egine enlevait les dents avec une pince dont la forme et le mécanisme étaient tout à fait primitifs, et s'il supposait que la mâchoire dût venir avec la dent, il coupait cette dernière au ras de la gencive.

Celse recommande de laisser, pendant quelque temps, macérer dans l'eau un peu de menthe sauvage avec ses racines, puis de jeter dans cette eau des cailloux brûlants et de placer la bouche ouverte au-dessus des vapeurs qui s'en dégagent.

Vint l'Arabe Abulcasis, qui arrachait les dents avec une pince, après déchaussement et ébranlement préalables. Il posait des dents artificielles en os de bœuf.

Il faut arriver à l'époque de la Renaissance pour rencontrer un chirurgien soignant les dents avec une méthode scientifique. Ambroise Paré apporta dans l'étude de cette science les qualités maîtresses de son tempérament : le bon sens pratique et l'esprit d'observation. Il inventa des instruments plus appropriés à leurs fonctions que ceux dont il était fait usage. Il fut un des premiers à employer le *davier* et le *pélican*.

Pour calmer la douleur, lorsqu'elle était trop vive, Ambroise Paré employait simplement des collutoires et des fumigations.

Le célèbre chirurgien a consacré une importante partie de ses œuvres aux maladies des dents ; il a ainsi formé le meilleur traité d'odontologie de son époque.

Les dentistes et les charlatans se confondirent pendant de nombreuses années. Le Dr Thomas, dont la savante conférence fournit les plus utiles renseignements sur l'histoire de cette corporation, écrit les lignes suivantes : « Il n'y a pas encore deux cents ans, les dentistes ne formaient pas une corporation ; ils n'avaient ni existence légale, ni considération ; l'oubli ou le mépris, voilà le résumé de l'histoire professionnelle. Aucun moyen d'étude, pas de cours dans les Universités, pas d'école particulière ; les livres incomplets ou vieillis, difficiles à comprendre pour beaucoup qui savaient à peine lire et n'avaient aucune idée de la langue technique : voilà pour l'histoire scientifique. »

On finit par s'émouvoir d'un tel état de choses et, en 1700, la ville de Paris établit un règlement en vertu duquel ne pourraient désormais s'établir dentistes que ceux qui auraient obtenu un certificat d'expert, dûment délivré après examen par une commission de trois chirurgiens nommés par la municipalité.

Il s'était à peine écoulé vingt années depuis que cette disposition avait été prise, quand, à deux pas de l'École de Chirurgie, vint se fixer un dentiste honorablement connu à Nantes et à Angers.

Pierre Fauchard n'avait obtenu aucun grade universitaire, il ne jouissait d'aucune considération spéciale, quand l'attention des savants fut attirée sur les résultats « miraculeux » qu'il avait obtenus en transplantant la dent d'un « grenadier » à un capitaine.

Le Dr Thomas a ainsi présenté les circonstances qui permirent à Pierre Fauchard de tenter cette opération, dont le succès eut un retentissement considérable :

« M. de Romaret, capitaine au 1er bataillon du régiment de Bourbonnais, vint un jour trouver Fauchard avec une carie de la canine gauche de la mâchoire supérieure. Le mal était trop avancé pour qu'on pût songer à conserver la dent, et cependant le capitaine tenait à la symétrie de son arcade alvéolaire ; il ramène le lendemain avec lui un grenadier de sa compagnie et demande s'il serait impossible de remplacer la dent manquante par une canine du soldat. Fauchart résolut de tenter l'opération. Je n'insisterai pas sur les détails ; elle fut laborieuse mais réussit parfaitement, car la canine transplantée ne périt que six années plus tard par carie. »

Il faut convenir que ce grenadier a donné un bel exemple de dévouement ; son sacrifice, non seulement a permis de réparer l'outrage fait par la maladie à la dentition d'un capitaine désireux de plaire, mais encore il a profité à la science, en démontrant la possibilité d'une opération, aujourd'hui couramment pratiquée : la greffe dentaire.

Le succès de cette opération fit à Fauchard une réputation de savant habile. Les chirurgiens et même les médecins réputés consentirent à l'admettre dans leur amitié. En 1723, Pierre Fauchard publia un traité qui fut lu et remarqué, même à l'étranger ; en 1726, cet ouvrage fut traduit en allemand.

Après Fauchart, d'autres experts-dentistes, notamment Mouton,

Lécluse et Jourdain, écrivirent des traités que l'on consulte encore.

Croissant de Garengeot fut le concurrent redoutable de Fauchart ; il mettait à profit toutes les occasions qui lui permettaient de lui manifester une profonde inimitié. C'est à ce dentiste, également très réputé, que revient le mérite d'avoir inventé un instrument qu'utilise la chirurgie dentaire et qui est dénommé : clé de Garengeot.

Le dentiste se sert de cette clé pour arracher les dents dont l'extraction présente de sérieuses difficultés.

De 1768 à 1789, les dentistes furent qualifiés *experts-dentistes* ; leurs qualités professionnelles étaient reconnues après examen par le collège de chirurgie. Il en était de même pour les oculistes, les accoucheurs, les herniaires, etc.

A la Révolution, les facultés et le collège de chirurgie furent supprimés ; la profession *d'expert-dentiste* cessa d'être réglementée, l'exercice en ayant été déclaré libre.

Cependant la loi du 19 ventôse an XI (10 mars 1803), qui définit les conditions dans lesquelles peuvent s'exercer les professions de médecins ou de chirurgiens, est muette en ce qui concerne les dentistes.

Ceux-ci, tout d'abord, jugèrent qu'ils étaient dans l'obligation d'obtenir un diplôme, qui leur fut délivré jusqu'à l'année 1827.

A cette époque, la veuve d'un dentiste, ayant voulu exploiter elle-même le cabinet de son mari décédé, fut poursuivie pour exercice illégal de la médecine. Mais les jugements de première instance et d'appel ayant été déférés à la Cour de Cassation, cette haute juridiction les cassa, « ne trouvant rien dans la loi du 19 ventôse, an XI, qui s'appliquât aux dentistes » et elle conclut à la liberté de professer cet art comme tous les métiers et professions de l'industrie et du commerce.

Depuis cette époque, le recrutement des praticiens ne peut plus s'opérer qu'après l'obtention d'un diplôme régulier.

L'industrie de la chirurgie dentaire, pendant un certain temps, a cherché sa voie dans la méthode des dentistes américains. Mais nous avons le plaisir de reconnaître que, sous l'influence de l'*Ecole spéciale de Paris*, l'art dentaire a fait, en France et à l'étranger, des progrès considérables. La science, l'habileté, l'ingéniosité des chirurgiens-dentistes français et des mécaniciens, sont universellement réputées.

LES EXPOSANTS DE LA CLASSE 16
LEUR PARTICIPATION A L'EXPOSITION DE BRUXELLES

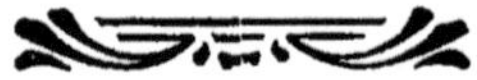

LES EXPOSANTS DE LA CLASSE 16

La courte revue rétrospective que nous venons de faire nous a montré les principales transformations qui, résultant d'une longue suite d'évolutions, ont modifié la connaissance et la pratique des sciences médicales et chirurgicales.

Nous savons que, depuis les temps les plus anciens, l'homme est penché sur la maladie; qu'il cherche, inlassablement, à en pénétrer le mystère.

Aujourd'hui, l'homme possède-t-il la connaissance parfaite de cette science qui se propose de pénétrer tous les mystères de la vie?

Il est, sans doute, très osé de répondre à la question par une affirmation. Cependant, il est indéniable que le résultat déjà acquis des recherches qui se poursuivent à l'amphithéâtre et dans le laboratoire constitue une science en bonne voie de perfection.

La médecine et la chirurgie sont définitivement sorties de la période du tâtonnement, du doute, de l'hypothèse. Les recherches qui les concernent sont conduites avec sûreté et engendreront certainement les résultats que la science en attend.

Malgré les connaissances acquises, les perfectionnements apportés dans l'art de soigner et de guérir, il est encore aisé de dresser une liste des maladies qui remportent sur la science une trop facile victoire.

Mais peut-on désespérer, quand on constate les merveilleux résultats des recherches de Pasteur, quand on voit disparaître de plus en plus ces terribles épidémies dont les ravages furent plus meurtriers que ceux de la guerre ; quand il suffit, aujourd'hui, d'une injection

de sérum pour sauver des enfants que le croup livrait, il y a encore
bien peu d'années, par milliers à la mort pour conserver et arracher
à une horrible agonie les malheureux mordus par un chien enragé ?

Nous pouvons partager la confiance des savants dont les travaux
préparent, pour un avenir qu'on peut prévoir rapproché, la victoire
définitive de la science ; elle donnera aux êtres humains les remèdes
nécessaires pour conserver, durant leur vie, la plénitude de leur
force et leur activité normale.

Un examen attentif des principaux Exposants de la Classe 16,
dans la Section française et dans celles des autres nations, nous a
permis de noter les travaux, les inventions ou les procédés de fabrication qui nous ont paru les plus capables de servir pratiquement la
médecine ou la chirurgie.

Pour cette partie de notre travail, et afin de le rendre aussi clair
que possible, nous avons jugé nécessaire de faire plusieurs groupe-
ments :

1° Le premier réunit les auteurs d'ouvrages consacrés à l'étude
de questions médicales ou chirurgicales ;

2° Le deuxième est réservé aux médecins ou aux chirurgiens
qui exposaient des modèles d'appareils dont ils sont les inventeurs ;

3° Le troisième a été attribué aux journaux et publications périodiques traitant les sciences médicales ou chirurgicales ;

4° Le quatrième réunit les pharmaciens spécialisés dans la stérilisation des ligatures chirurgicales, les pansements et la préparation
des anesthésiques ;

5° Le cinquième comprend les industriels qui construisent les
appareils utilisés par la médecine et la chirurgie ;

6° Le sixième a été réservé aux fabricants d'instruments, a) en
métal, b), en gomme, c), en caoutchouc ;

7° Le septième comprend les chirurgiens-dentistes et les fabricants d'articles nécessaires aux dentistes ;

8° Le huitième réunit les fabricants d'appareils pour l'étude de
la physiologie expérimentale ; les fabricants d'appareils d'optique
médicale et les fabricants d'appareils acoustiques, ainsi que les
fabricants d'aliments spéciaux.

Ce classement nous a paru le plus rationnel, car il nous a permis
de mettre en valeur la participation de chacune des spécialités dont
la réunion constituait la Classe 16.

Nous avons suivi le même ordre de présentation pour les Exposants de la Section française et ceux des autres nations.

Entrée de la Classe 16.

Section Française

Auteurs d'ouvrages consacrés à la médecine et à la chirurgie.

Les auteurs d'ouvrages traitant de questions médicales, chirurgicales ou de sciences afférentes exposaient dans une collectivité qui
comptait 32 membres.

Il n'est pas d'usage de consacrer une étude spéciale à chacun des
Exposants d'une même collectivité.

Cependant, nous pouvons reconnaître que celle des auteurs, à
l'Exposition de Bruxelles, offrait réellement un puissant intérêt scientifique. Elle était constituée avec les ouvrages de savants ayant
acquis une haute notoriété, et à côté desquels on remarquait des
spécialistes, dont les observations scientifiques concourent aux
progrès de la médecine et de la chirurgie.

Cette collectivité a obtenu un Grand Prix.

DEUXIÈME GROUPE

Docteurs et chirurgiens inventeurs d'instruments.

Les docteurs et chirurgiens, inventeurs d'instruments, exposaient,
les uns individuellement, les autres groupés en collectivité.

Ceux qui avaient organisé des expositions individuelles étaient au
nombre de 20, tandis que la collectivité n'avait recruté que 5 participants.

Parmi les Exposants appartenant à cette catégorie, deux avaient été désignés pour remplir les fonctions de membres du Jury des récompenses, et un autre avait été nommé expert du Jury.

Quant aux récompenses décernées, elles sont les suivantes :

Hors Concours	3
Grands Prix	9
Diplômes d'Honneur	7
Médailles d'Or	3
Médailles de bronze	3

EXPOSANTS HORS CONCOURS

Etaient membres du Jury :

D'' Calot.
D'' Capdepont.
D'' Bobier (*expert*).

D'' CALOT

Chirurgien en chef de l'Hôpital Rothschild, de l'Hôpital Cazin et de l'Hôpital orthopédique de Berck, le D'' Calot est une personnalité chirurgicale de notre époque.

Ses ouvrages sur l'orthopédie, la coxalgie, le mal de Pott, les tumeurs blanches, la luxation congénitale de la hanche et les maladies qu'on soigne à Berck, l'ont placé à la tête des professionnels de la chirurgie des enfants.

C'est à l'Institut orthopédique de Berck que furent construits les premiers appareils orthopédiques en celluloïd ; ils furent présentés à la Société de Chirurgie de Paris par le D'' Jalaguier.

. Le D'' Calot exposait quelques modèles de ces appareils, dont les avantages ont été très appréciés dès leur apparition. Sa vitrine renfermait un exemplaire des ouvrages que nous avons cités plus haut.

A. D Cisson Paris
Dr Laurens Paris
Dr Froussard Limoges
Dr Calot Berck-Plage
Dr Calot Berck-Plage

Cette exposition formait donc un ensemble d'un haut intérêt scientifique pour les spécialistes de l'orthopédie.

Le Dr Calot, Président du Jury français et Vice-Président du Jury international, défendit nos intérêts avec le plus grand dévouement et la plus grande ténacité; qu'il nous soit permis de lui en adresser ici les remerciements de nos Exposants.

Dr CAPDEPONT

Le Dr Capdepont avait disposé dans sa vitrine des instruments dentaires.

Ceux-ci, au nombre de quatre, s'inspirent tous du *porte-à-faux*. C'est une combinaison de la clé de Garengeot et du davier. Ils ont tous les quatre pour but de luxer la dent dans un seul sens, soit en dedans, soit en dehors. Leurs formes diverses répondent à des indications différentes. Ils trouveront leur utilisation surtout dans certains cas difficiles où la dent cariée est perdue dans la gencive et le maxillaire. Ils pourront rendre de grands services là où les autres instruments auront échoué. Leurs formes et leurs dimensions pourront sans doute être heureusement modifiées, car il s'agit là de premiers modèles qui demandent à être perfectionnés. Leur avantage principal est de permettre de mesurer la force comme avec le clavier, tandis que cela est impossible avec la clé de Garengeot, et il sera possible d'éviter ainsi de nombreux accidents.

Dr BOBIER

Le Dr Bobier, qui a été désigné pour remplir les fonctions d'expert du Jury, exposait un appareil qui permet d'obtenir, en quelques secondes, une compression uniforme et progressive d'un ou des deux seins. Dans les cas de mammite notamment, la compression étant le seul mode thérapeutique efficace, l'appareil du Dr Bobier permet une application immédiate et la compression désirée, grâce au gonflement par l'air de la pelote mammaire.

Le D* Bobien est l'auteur d'un ouvrage intitulé : *L'Hygiène de l'Ouvrier*. Sa place était marquée dans notre collectivité des auteurs.

EXPOSANTS AYANT OBTENU UN GRAND PRIX

D* AUBOURG

L'Assistance publique a créé, à l'Hôpital Boucicaut, dans le service des rayons X, un laboratoire modèle. Tous les plus récents perfectionnements y ont été introduits, ce qui permet d'obtenir, en plus des images des membres, celles des viscères (poumons, aorte, estomac, rein, gros intestin, appendice, etc.).

Le D* Aubourg exposait des radiographies obtenues par les nouveaux procédés, en quelques secondes et même en quelques fractions de secondes.

Nous ne saurions trop insister sur l'intérêt médical et chirurgical que présente la possibilité d'obtenir, avec un maximum de détails, des clichés des parties osseuses et des parties molles. Ces détails sont d'autant plus précis que la radiographie est plus rapide.

Les travaux du D* Aubourg, très remarquables, justifient les efforts de l'Assistance publique, qui a la préoccupation de doter le service des rayons X de tous les perfectionnements résultant des plus récentes recherches scientifiques.

D* CATHELIN

Dans la branche de la chirurgie urinaire, le D* Cathelin est un maître dont la science fait autorité. Il a fondé, à Paris, l'Hôpital d'urologie et de chirurgie urinaire, qui rend les plus grands services, car il constitue un centre d'enseignement et d'études, infiniment profitables à l'avenir de cette branche chirurgicale. A l'heure actuelle, plus de 3o.ooo consultations y ont été données à des malades indigents.

L'exposition du Dr Cathelin comprenait, à la fois, les plans de cet hôpital et des instruments dont on se sert pour traiter les malades.

Ces instruments, au nombre de 14, ont été inventés par le Dr Cathelin ; parmi eux, nous ferons une mention spéciale pour le « diviseur des urines », destiné à séparer, dans la vessie, les urines des deux reins. Cet instrument jouit d'une réputation universelle.

On remarquait également, dans la vitrine du Dr Cathelin, une curieuse collection de calculs des reins, enlevés par l'éminent praticien, sans qu'il ait vu un seul malade mourir de l'opération.

L'intérêt de cette exposition était encore corsé par les principales publications du Dr Cathelin, dont trois toutes récentes : *Les Conférences cliniques de Chirurgie urinaire* ; *l'Atlas d'anatomie pathologique chirurgicale urinaire* ; *les Méthodes modernes d'exploration chirurgicale de l'affection urinaire*.

Dr CAZIN

Le Dr Cazin fut chargé, à l'Exposition universelle de 1900, de la direction du service médical des annexes de Vincennes.

Il est l'inventeur d'instruments de chirurgie, dont il nous a présenté divers modèles, et qui sont très appréciés.

La notoriété du savant et l'intérêt des instruments présentés justifient largement la haute récompense accordée à son exposition.

Dr FROUSSARD

Médecin-consultant à Plombières, le Dr Froussard est un spécialiste des maladies de l'intestin. Dans son exposition de Bruxelles figuraient trois petits appareils :

1° La canule recto-syphoïde, à double courant, assurant pendant une durée illimitée, à courant continu et à température constante, la balnéation de l'ampoule rectale. Construit en caoutchouc souple, ce petit appareil, facile à introduire, ne pouvant occasionner de traumatisme, rend pratique et réellement efficace le traitement par l'eau chaude de toutes les lésions inflammatoires des organes du petit bassin ;

2° L'oléo-vecteur, destiné à rendre possibles et faciles les lavements d'huile dans le traitement de la constipation. Par la suppression de toutes pièces en caoutchouc, on évite le retard apporté à l'écoulement de l'huile et la dissolution par cette dernière du caoutchouc. Le nettoyage et la stérilisation de l'oléo-vecteur est facile. Grâce, en outre, à la disposition de cet instrument, on évite complètement l'introduction dans l'intestin d'eau ou d'air. Il peut donc rendre également de grands services chaque fois que l'on veut faire pénétrer dans l'intestin une petite quantité d'un liquide sans aucun autre mélange ;

3° Tubes porte-canule. Ces tubes, en verre, ouverts à leurs extrémités, mais rendus étanches par des obturateurs amovibles, sont facilement nettoyés par le passage d'eau sous pression ou d'un écouvillon. En usage à la Compagnie des Thermes de Plombières, ils servent à maintenir, en présence d'une solution antiseptique, les canules servant aux entéroclyses et ainsi à les aseptiser. Ils peuvent également permettre la stérilisation de leur contenu à l'autoclave et le maintenir indéfiniment à l'abri de l'air.

D\' GASTOU

Chef du laboratoire central et de radiologie de l'Hôpital Saint-Louis, le D\' GASTOU a introduit en France et même à l'étranger l'utilisation de l'ultramicroscope ; il est en outre le promoteur de la cinématographie ultramicroscopique.

Il présentait à Bruxelles l'ensemble des différents travaux exécutés journellement à l'Hôpital Saint-Louis, au laboratoire central, qu'il a fondé en 1908.

Cette exposition comprenait :

1° Des instruments ;

2° Des dessins ;

3° Des photographies ;

4° Des livres ;

5° Des radiographies ;

6° Des cultures microbiennes.

Le Jury des récompenses a jugé cette exposition particulièrement intéressante. L'initiative du Dr L. GASTOU est, en effet, parmi celles qui secondent le plus le progrès de la science. Son exposition fut une de celles qui firent le plus d'honneur à notre stand.

Dr HARTENBERG

L'appareil exposé par le Dr HARTENBERG est le « myotonomètre ». Il a pour objet de mesurer le tonus musculaire, c'est-à-dire l'élasticité active des muscles, en mesurant l'angle formé par la main avec l'avant-bras, sous une traction déterminée. Cet appareil, inventé par le Dr HARTENBERG, est le premier qui ait fourni des résultats pratiques. Son principal mérite est dû à un dispositif spécial, grâce auquel les chiffres qu'il fournit sont comparables entre tous les sujets, quelles que soient leur force musculaire et les dimensions de leur main.

L'intérêt de mesurer par des chiffres précis le tonus musculaire est considérable en neuropathologie, car, dans nombre d'affections du système nerveux (paralysie, ataxie, etc., etc.), le tonus est déféré en plus ou en moins, et la détermination de cette altération peut servir à un diagnostic précoce.

Il n'est donc pas douteux que cet appareil rende de grands services en cliniques nerveuses.

Le Dr HARTENBERG a consigné dans un ouvrage spécial les résultats obtenus avec son appareil. Ce travail est d'un réel intérêt et constitue une page remarquable, ajoutée à l'étude des maladies nerveuses.

Dr LAURENS (G.)

La participation du Dr LAURENS comprenait des instruments et des ouvrages de chirurgie.

Les instruments de chirurgie inventés par l'éminent chirurgien sont « classiques », c'est-à-dire qu'ils sont couramment employés par les chirurgiens. Nous citerons plus particulièrement le « turbinotome du Dr Laurens » et le « septotribe » qui sont universellement connus.

Dans la chirurgie de la gorge et du nez, le Dr Laurens a acquis une réputation qui le place parmi les maîtres les plus réputés.

Dr MONPROFIT

Le Dr Monprofit marie la science et la politique ; c'est un chirurgien de grande réputation, les électeurs d'Angers lui ont confié le soin de défendre leurs intérêts à la Chambre des Députés.

L'éminent professeur a créé plusieurs instruments, qui rendent de grands services dans les opérations abdominales et les amputations.

Avec le Dr Royer, le Dr Monprofit a inventé un appareil à anesthésie, qui est un modèle d'ingéniosité.

Mais l'attention du Jury a été surtout retenue par la « valve abdomino-vaginale du Dr Monprofit », qui se recommande comme un instrument très pratique.

Le Dr Monprofit est professeur à l'Ecole de Médecine d'Angers.

Dr PEZZER (O. DE)

Ce distingué praticien est l'inventeur de sondes dont il exposait deux modèles : sondes souples et sondes à demeure.

La sonde à demeure du Dr de Pezzer, pour introduction directe ou pour introduction rétrograde, est employée après l'opération de la taille hypocrastique.

Ces instruments sont fabriqués en caoutchouc « Para » pur rouge et se distinguent par la parfaite résistance qu'ils offrent à la stérilisation par l'eau bouillante.

Le Dr O. de Pezzer s'est spécialisé dans les maladies de l'estomac et de l'intestin. Il s'est acquis, par ses travaux remarquables, la notoriété d'un maître éminent.

DIPLOMES D'HONNEUR

D' AMBLARD (L.-A.)

Le D' AMBLARD (L.-A), exposait un appareil de son invention et qu'il a dénommé le sphygmométroscope.

Dans un article publié, en 1908, par le *Bulletin de la Société thérapeutique*, le D' AMBLARD a lui-même décrit son appareil et signalé les divers avantages qu'il réunit.

Nous avons emprunté à cette étude les renseignements suivants :

« La mesure de la tension artérielle, écrit le D' AMBLARD, n'a pas donné tous les résultats que l'on pouvait attendre de son introduction en clinique. L'inexactitude des instruments, la diversité de leurs principes et les notations diverses qu'ils permettent d'obtenir, ont été autant d'obstacles à la diffusion de cette notion cependant si utile en renseignements importants.

» Mais il n'existait pas encore un appareil qui donnât des renseignements exacts et complets sur les tensions artérielles maxima et minima, cependant aussi indispensables à connaître l'une que l'autre, et sur la tension artériolaire qui, différente souvent par suite de l'élément musculaire prédominant dans les artérioles, peut cependant présenter aussi une grande importance.

» Nous nous sommes efforcés de construire un appareil qui réunisse ces divers avantages, et le présentons sous le nom de *sphygmométroscope*, indiquant ainsi que la notation des diverses tensions se fait grâce à lui d'une façon toute objective en employant, comme contrôle, non le sens insuffisant et trompeur du toucher, mais celui bien plus aiguisé de la vue.

» *Principe de l'appareil.* — Marey a démontré que si l'on entoure un membre d'un manchon inextensible en rapport avec un manomètre extérieur et que l'on exerce à l'intérieur de ce manchon une contre-pression progressive, on voit la colonne de mercure présenter des oscillations traduisant les pulsations de la paroi artérielle. Les oscillations maxima de la colonne de mercure se manifestent

au moment où la contre-pression exercée égale la pression minima
à laquelle est soumis le sang dans l'artère. Les oscillations de la
colonne cessent lorsque la contre-pression égale exactement la tension artérielle maxima.

» Nous avons remplacé le manomètre à mercure par un manomètre métallique de grande dimension, où les oscillations d'une
aiguille, analogues à celles de la colonne de mercure, traduisent les
modifications apportées à la circulation dans l'artère du membre,
sous l'influence d'une contre-pression exercée dans un brassard
huméral. Aux oscillations maxima de l'aiguille correspond la tension artérielle minima ; à la limite supérieure des oscillations correspond la tension maxima. »

Le Dr AMBLARD termine cette étude en déclarant que c'est sur les
conseils de son maître, M. Huchard, qu'il a construit son *sphygmométroscope* et qu'avec cet appareil, l'erreur dans l'évaluation est
réduite à son minimum, les tensions étant mesurées à 2 milli-
mètres.

Dr BARBARIN (Paul)

Le tableau qu'exposait le Dr BARBARIN présentait deux parties.
L'une reproduisait une table orthopédique, de son invention, à
laquelle il a apporté, en ces deux dernières années, de nombreux
perfectionnements et qu'il a soumise à la Société de Chirurgie.
L'autre partie de ce tableau était réservée à l'Hôpital Marie-Hélène,
situé à Puteaux. Le Dr BARBARIN a créé dans cet hôpital un service
de chirurgie pour enfants et y a institué des cours d'hygiène de
l'enfance.

Dr LIÈVRE (Gaétan)

A présenté au Jury un appareil pour l'application des courants de
haute fréquence et breveté. Un dispositif nouveau de cet appareil
permet l'emploi des grands solenoïdes dans tous les cabinets de

médecin. Cet appareil, plié, a environ dix centimètres d'épaisseur ; cette invention constitue une très réelle amélioration sur les appareils destinés aux mêmes usages.

Dr MENCIÈRE

Le Dr Mencière, fondateur et chirurgien de la Clinique de chirurgie orthopédique de Reims, exposait à Bruxelles l'instrumentation qu'il a créée pour la chirurgie osseuse et articulaire et qui *modifie d'une façon complète la technique opératoire.*

Les instruments présentés par le Dr Mencière se classent en deux catégories : ceux destinés à la chirurgie sanglante et ceux destinés à la chirurgie non sanglante.

Pour la description de ces instruments, leur fonctionnement et la technique opératoire que le chirurgien doit suivre, nous ne pouvons que renvoyer aux rapports que le Dr Mencière a faits soit devant l'Académie de Médecine, soit devant les Congrès de chirurgie et de médecine français ou internationaux.

Ce stand fut un de ceux qui retinrent le plus l'attention du Jury, tant par l'intérêt des appareils exposés que par la valeur des ouvrages qui en commentaient et l'utilité et l'utilisation.

Dr MENDEL

Le Dr Mendel exposait deux appareils : le rhinomètre et une seringue à injection intra-trachéale.

Le rhinomètre est un appareil qui permet de déterminer le degré de la respiration nasale. Il mesure le volume d'air inspiré par deux inspirations successives, l'une buccale, l'autre nasale, dans des conditions aussi identiques que possible.

La seringue à injection intra-trachéale est une modification de la seringue laryngienne.

Elle en diffère en ce que le corps de pompe est étiré en une tétine sur laquelle se fixe à frottement la canule en argent. Cette disposition est plus nette que l'ancienne fixation par vissage. Une bague fixe la canule au corps de pompe. La canule est plus courte que celle de la seringue laryngienne, car, d'après notre procédé simplifié d'injection trachéale, cette canule ne pénètre pas dans le larynx. Il suffit qu'elle arrive au niveau de la partie inférieure du pharynx, contre lequel elle lance le liquide. Le pharynx fait office d'entonnoir et conduit le liquide dans l'unique orifice béant de la région : l'orifice glottique ; l'orifice œsophagien, en effet, est normalement fermé à l'état de repos, c'est-à-dire en dehors du mouvement de déglutition.

MÉDAILLE D'OR

Dr FASQUELLE (André)

Exposait ses appareils à vacciner avec styles individuels et du vaccin anti variolique.

MÉDAILLE DE BRONZE

Dr PARANT (A.)

Appareils pour éviter l'intoxication par le tabac.

COLLECTIVITÉ DES DOCTEURS ET CHIRURGIENS

Nous avons dit que cette collectivité avait réuni cinq Exposants. Etant donnée la grande différence de réputation scientifique dont jouissait chacun de ses membres, contrairement à l'usage, le Jury n'a pas accordé une récompense collective à cette réunion d'Exposants. Il leur a donné une récompense personnelle.

Dr TERRIEN

exposait des instruments d'optique, a obtenu un *Diplôme d'Honneur*.

Dr LEMASSON-DELALANDE

a eu une *Médaille d'Or* pour ses sondes œsophagiennes.

Dr OMBREDANNE

a eu également une *Médaille d'Or* pour son appareil à éther ; cet appareil qui, maintenant classique, est employé dans les hôpitaux et les cliniques privées, constitue un réel progrès sur les appareils employés avant sa création.

MÉDAILLES DE BRONZE

A M*mᵉ* Duchatellier et à M. Moreau le Jury a estimé qu'une *Médaille de Bronze* était la récompense que méritaient l'appareil modificateur du nez et les produits hygiéniques.

LA PRESSE MÉDICALE

Les publications périodiques traitant des questions de médecine ou de chirurgie avaient été groupées dans une collectivité organisée par M. le Dr Lucien-Graux.

Dans cette collectivité, on remarquait les Exposants suivants :

Dr CHAUVEAU

Cette personnalité du monde médical dirige avec autorité et compétence les *Archives internationales de laryngologie, d'otologie et de rhinologie*.

Dr COURTIN

Avait envoyé dans la bibliothèque de notre Classe sa très intéressante publication : *La Gazette des sciences médicales de Bordeaux*.

L'ENSEIGNEMENT MÉDICO-MUTUEL INTERNATIONAL

Cette très bonne publication, fondée par le Dr Bazot, rend les meilleurs services pour la vulgarisation scientifique.

GIRARD

Cet Exposant, qui est en relations constantes avec le Comité d'organisation de la Classe 16, avait exposé dans la vitrine de cette collectivité une publication à laquelle il consacre son activité et ses efforts : *l'Annuaire général du commerce et de l'industrie des spécialités pharmaceutiques*.

OBJETS DE PANSEMENT

Dans cette rubrique, nous avons classé les pharmaciens qui se sont spécialisés dans les ligatures chirurgicales, ou les anesthésiques, ou les objets nécessaires au pansement.

On comptait, dans la Classe 16 de la Section française, 15 Exposants pouvant être classés dans cette catégorie.

2 Exposants ont été mis Hors Concours en leur qualité de Membres du Jury des récompenses.

4 Exposants ont obtenu un Grand Prix.

2	— —	un Diplôme d'Honneur.
1	— —	une Médaille d'Or.
1	— —	une Médaille d'Argent.
5	— —	une Médaille de Bronze.

HORS CONCOURS, MEMBRES DU JURY

BARDY

Cette maison exposait des produits stérilisés, des thermomètres médicaux et du savon mou (Asepsine).

Avec ses produits stérilisés, M. BARDY exposait ses pyrétomètres ou thermomètres médicaux, pouvant se stériliser à l'autoclave. En effet, grâce à un verre spécial et à une ampoule ménagée à la partie supérieure du tube, les thermomètres Bardy peuvent se chauffer jusqu'à la température de 150°.

M. BARDY avait complété son exposition, en mettant à la disposition de ceux qui voulaient s'y intéresser, un opuscule dans lequel il a fait l'historique de ses travaux personnels et de ses recherches bactériologiques.

BRUNEAU ET Cⁱᵉ

Fondée en 1890 par le regretté TRIOLLET, mort en 1907, la maison BRUNEAU ET Cⁱᵉ fit construire en 1909 les laboratoires qu'elle occupe actuellement.

Dirigée par quatre pharmaciens, propriétaires et associés, elle s'occupe presque exclusivement de la préparation et de la stérilisation des ligatures chirurgicales et plus spécialement des catguts. Le procédé de stérilisation du catgut à l'autoclave à 120° (du catgut que son origine et sa nature rendent si difficiles à stériliser), a été l'objet de ses recherches incessantes et de perfectionnements ininterrompus; suivis de communications aux Sociétés savantes.

Les ligatures Triollet (catgut, soie, crins de Florence, aiguillées diverses, etc.) stérilisées par des méthodes originales, ainsi que les anesthésiques, sont employés dans la plupart des services hospitaliers, cliniques et maisons de santé de Paris, de province et de l'étranger.

Restés scientifiques de par leur organisation et le recrutement de leurs dirigeants, les laboratoires Triollet occupent un personnel nombreux.

Nous ne saurions voir dans notre qualité de rapporteur du Jury de la Classe une occasion pour faire l'éloge de notre maison et mettre en évidence la qualité de nos produits : nous y trouverons seulement la possibilité de répondre en notre nom et aux noms de tous au reproche que les représentants, dans notre Jury, de plusieurs nations concurrentes ont jugé à propos de nous adresser.

Sous prétexte que notre maison, comme la plupart des autres Exposants français de la Classe 16, avait envoyé à l'Exposition de Bruxelles seulement quelques échantillons de ses différentes spécialisations, plusieurs de nos collègues étrangers ont exprimé des doutes sur l'importance industrielle de nos entreprises. Certains ont même insinué que les fabricants d'objets stérilisés, en France, étaient de petits industriels en « chambre ».

Apprécier l'importance d'une maison en comptant le nombre d'échantillons qu'elle expose, nous paraît être une douce fantaisie.

En France, nous n'éprouvons pas le besoin de ces expositions « tapageuses » et qui se résument en une présentation de milliers de flacons superposés, avec plus ou moins d'adresse, les uns sur les autres.

Nous avons plutôt la préoccupation de montrer, dans un stand, un produit dont la science peut tirer un réel profit. Nous ne nous considérons pas comme des industriels, au sens exact de ce mot, car nos installations industrielles, si l'on s'en rapporte à la production, conservent cependant la caractéristique des laboratoires scientifiques.

A ceux qui nous reprochent de ne pas suffisamment « paraître », nous pouvons répondre que le Français est idéaliste de par le génie de sa race, qui le pousse à rechercher la perfection. C'est peut-être, pour les esprits superficiels, une apparence de faiblesse ; en réalité, c'est la cause de sa réussite, sa raison d'être, son meilleur élément de succès.

Il nous a semblé bon que ces choses fussent dites, car nous craignons que l'importance de notre Classe n'ait pas été suffisamment comprise au delà des frontières.

GRAND PRIX

DUMOUTHIERS

Cette maison, de premier ordre et très réputée, exposait des anesthésiques.

La question du chloroforme anesthésique a toujours été une question chronique et périodique.

Les accidents provoqués par cet anesthésique peuvent être attribués :

1° A l'impureté du produit ;

2° A son altération ;

3° A des doses massives ;

4° A des phénomènes idiosyncrasiques.

1" La pureté du produit est assez difficile à obtenir ; il faut faire, non pas un produit industriel, mais un chloroforme *de laboratoire*. La distillation fractionnée dans des cornues en verre, et en petite quantité, donne de bons résultats. Les matières organiques sont éliminées avec soin, ainsi que tous les aldéhydes à divers degrés de chloruration ;

2° Le chloroforme doit conserver sa pureté initiale et ne jamais renfermer d'acide chloroxycarbonique. Pour cela il doit être enfermé dans des tubes en verre jaune, effilés ; c'est ainsi seulement qu'on peut éviter le contact des matières organiques (bouchon, cire, liège, gutta-percha, laque, etc.). L'action de la lumière est complètement supprimée par le verre jaune et l'enveloppement spécial. Il n'y a plus de variations brusques de température puisque ce tube est entouré d'ouate et d'un tube en carton.

D'ailleurs, un grand nombre de tubes ont voyagé sous toutes les latitudes et sont revenus en parfait état de conservation ;

3° Les doses massives, si souvent préjudiciables aux malades, sont *nécessairement* évitées par le tube effilé qui forme compte-gouttes, et la personne qui pratique l'anesthésie ne peut donner de fortes doses, car elle est obligée de se servir du tube comme d'une poivrière, c'est-à-dire en le secouant : donc le flaconnage est, lui-même, une défense contre les doses massives ;

4° Notre collègue DUMOUTHIERS doute que les phénomènes idiosyncrasiques déterminent souvent des accidents, car depuis l'emploi de ce mode de purification et de conservation, il n'a pas encore eu d'accident et les cas d'anesthésie ont été nombreux depuis 1886.

ROBERT ET CARRIÈRE

Fondée en 1894 par MM. ROBERT et LESEURRE, cette Maison s'occupe plus particulièrement des pansements stérilisés et des anesthésiques.

Nous avons remarqué dans son stand, à Bruxelles, des pansements stérilisés placés dans des boîtes dont l'occlusion se fait dans l'autoclave ; des ampoules-seringues stérilisées, un thermocautère à manche carburateur, dont le mérite de l'invention revient au Dr Granel, un drain dit drain Goldman, inventé par le Dr Goldman

et qui est constitué par un drain tubulaire en caoutchouc, renfermant à son intérieur une série de petites mèches de coton et quantité d'objets de pansement présentés toujours avec ingéniosité.

Cet établissement, organisé pour la grosse vente, est en constante progression depuis ses débuts. Monté avec un gros capital, il a à sa disposition de puissants moyens de publicité. Tant par la qualité de ses propriétaires que par ses tendances et sa production, il représente un échelon intermédiaire entre les laboratoires scientifiques et l'industrie proprement dite.

MOUGIN

Cette maison exposait une *boîte de secours*, une *seringue à injections hypodermiques* et des *pansements complets*.

La *boîte de secours* exposée, tout en constituant une application raisonnée des dernières découvertes, et en permettant de faire face à tous les accidents, a été inspirée par le souci d'occuper le volume le plus réduit.

Dans le corps principal, elle contient trois grands flacons : le premier rempli de tampons de coton hydrophile trempés dans un liquide antiseptique pour le lavage immédiat d'une plaie ; le deuxième contient des carrés de gaze, plongés également dans un mélange antiseptique et destinés à servir au pansement de la plaie ; le troisième récipient renferme les instruments dont le médecin seul doit se servir.

La boîte de secours contient en outre les médicaments indispensables tout préparés : ampoules, comprimés, etc.

La seringue à injections hypodermiques est toute en métal (piston compris), stérilisable et incassable. Elle permet d'y faire une solution injectable au moyen d'un comprimé qu'écrase le piston de stériliser cette solution, de la filtrer.

La disposition originale des *pansements complets* consiste en ceci que toutes les parties se tiennent cousues ensemble. Dès lors, les opérations habituelles se résument à deux : 1° lavage de la plaie ; 2° application pour ainsi dire instantanée du pansement complet.

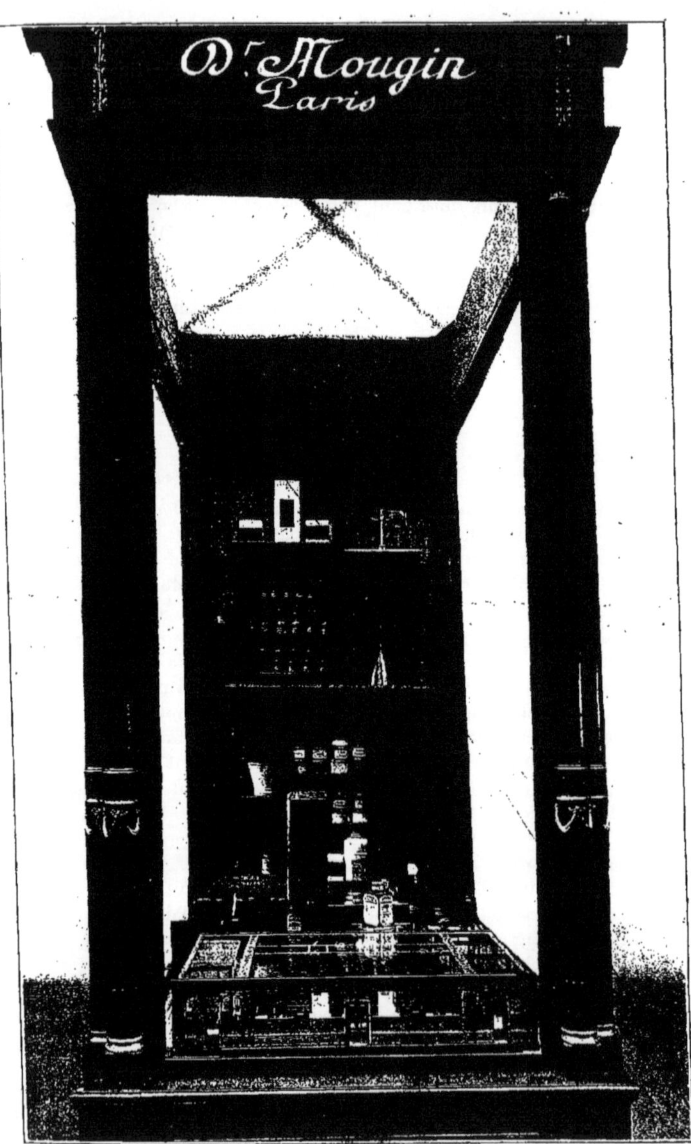
Dr Mougin
Paris

SOCIÉTÉ FRANÇAISE DES TISSUS " TETRA "

Cette Société exposait des bandes-compresses en gaze « Tetra », du crêpe « Tetra » et des vêtements en tissu hygiénique « Tetra ».

Les bandes et compresses « Tetra » sont confectionnées avec les gazes « Tetra » qui sont très hydrophiles ; elles sont constituées par la superposition de plusieurs couches de gaze, qui sont tissées en même temps et sont réunies à leurs bords en un tissu unique au moyen d'un tissage spécial. Cette fabrication supprime donc pour les compresses *tout ourlet, toute manipulation et toutes effilochures*. On ne saurait assez insister sur ces trois points, qui sont trois griefs souvent reprochés à la gaze jusqu'ici employée pour les pansements.

Cette fabrication permet aussi le lavage des compresses ; le nettoyage en est facile et profond ; de sorte que ces compresses peuvent servir plusieurs fois.

La bande de crêpe « Tetra », grâce à son élasticité, se moule parfaitement sur toutes les parties du corps ; elle ne gêne en rien les mouvements des articulations.

Cette Société fabrique également, en tissu « Tetra », des bandages de corps, des bandages en T, des champs-fendus, etc.

Dans sa vitrine, nous avons remarqué des sous-vêtements, gilets, caleçons et chemises en tissu « Tetra ».

D'une grande légèreté, d'une douceur très agréable, ces tissus qui sont très hydrophiles absorbent immédiatement la transpiration et peuvent remplacer la flanelle.

DIPLOMES D'HONNEUR

COMPAGNIE FRANÇAISE DES PEROXYDES

Exposait des produits hygiéniques et médicaux.

SOCIÉTÉ DE L'ANIODOL

Exposait un antiseptique dénommé l'Aniodol, et qui peut être utilisé, suivant les cas, en solutions, en savons, en poudres, en crèmes. Cet antiseptique, qui n'est aucunement toxique, est fréquemment employé à cause de son action énergique et de sa non-toxicité.

MÉDAILLE D'OR

BORNET (A.) (Pharmacie SWANN)

La pharmacie Swann s'est toujours occupée d'une façon toute spéciale de la fabrication de sels de phosphore au minimum d'oxydation, les hypophosphites, dont les propriétés reconstituantes furent découvertes par le Dr Churchill, en collaboration avec M. Swann.

Elle exposait à Bruxelles non seulement ses divers sirops d'hypophosphites bien connus, mais encore *deux préparations récentes*, les ampoules indolores de « *Limol* » Churchill, à base d'hypophosphite calcique et celles d' « *Irol* » Churchill, à base d'hypophosphite ferreux.

La première a été l'objet d'une communication à la Société de Thérapeutique, basée sur les expérimentations dans le service du Prof' Debove, à Beaujon, et à Saint-Lazare par l'auteur.

La deuxième, expérimentée aussi dans divers hôpitaux et cliniques, a donné de bons résultats d'efficacité.

Toutes deux sont complètement indolores.

MÉDAILLE D'ARGENT

Le Jury a décerné une Médaille d'Argent à

DURET

Il exposait des produits dermatologiques et syphilithérapiques.

MÉDAILLES DE BRONZE

Enfin nous avons eu à juger quatre Exposants, auxquels nous avons attribué une Médaille de Bronze et dont nous citerons les noms pour mémoire :

DUSSAIGNE

Exposait des produits d'hygiène et de beauté.

FEIGNOUX

Exposait des produits hygiéniques pour injections intra-trachéales.

MOREAU

Exposait des produits hygiéniques...

THOORES (G.)

Exposait des produits hygiéniques du Dr Clarke.

DEQUÉANT

Exposait une lotion hygiénique pour la tête et des brosses hygiéniques.

Mathieu Paris
Mathieu Paris

FABRICANTS DE MATÉRIEL CHIRURGICAL ET MÉDICAL

Les fabricants de matériel chirurgical ou médical étaient au nombre de quatre dans la Classe 16 française. Le Jury des récompenses a décerné un Grand Prix à chacune de ces maisons qui étaient les suivantes :

GRANDS PRIX

Maison FLICOTEAUX, BOUTET ET Cⁱᵉ

La participation de cette maison comprenait toute une série de stérilisateurs pour l'eau, pour les pansements et pour les instruments.

Certains de ces appareils sont disposés pour être reliés à une canalisation générale de vapeur, les autres sont chauffés par le gaz.

L'autoclave basculant, avec boîtes à bille se fermant automatiquement par le simple changement de position de l'appareil, donne les meilleures garanties pour la conservation des pansements stérilisés, la boîte se trouvant fermée avant d'ouvrir le couvercle.

Cette exposition comprenait encore un lavabo de consultation commandé par pédales, avec miroir et dossier en lave émaillée. Un chariot-brancard et un chariot-lavabo donnaient une idée de la fabrication de cette maison en ce qui concerne le mobilier chirurgical.

Elle exposait enfin une table de laboratoire, avec dessus en lave émaillée et service d'eau, de gaz, de vide et d'air comprimé, avec éclairage à l'électricité.

Trois séries de tableaux renfermaient les photographies des

principales installations faites par cette maison en France, en Belgique et dans un très grand nombre de pays étrangers.

Maison très importante, dont le stand fut fort remarqué.

LA SOCIÉTÉ ÉLECTRO-INDUSTRIELLE
ET ANCIENS ÉTABLISSEMENTS MATHIEU RÉUNIS

La participation de cette Maison était excessivement intéressante. Parmi les objets qu'elle exposait, nous tenons à faire une mention spéciale pour ses instruments nouveaux et perfectionnés. Mais notre attention a été surtout retenue par :

La table d'opérations du Dr Doyen, avec tous ses accessoires ;

La table d'opérations modèle Mathieu, modifiée par le Dr Faure, complète ;

L'instrumentation du Dr Dartigues, du Prof^r Montprofit, du Dr Mencière ;

Et l'éventail abdominal, nouveau modèle, du Dr Poisson.

La maison MATHIEU a participé avec succès à un grand nombre d'Expositions et elle était déjà titulaire, avant Bruxelles 1910, de sept Grands Prix, dont l'un lui a été décerné à l'Exposition Universelle de Paris 1900.

E. ADNET

Le stand de cette Maison était particulièrement intéressant parce qu'il réunissait tous les appareils formant la salle d'opération moderne.

La partie principale de ce groupe d'appareils était formé par un dispositif de stérilisateur dit « Universel », et qui permet la stérilisation de l'eau, des pansements et le séchage des instruments, soit par la vapeur d'eau sous pression, soit par coction, des crins, catguts, etc., le chauffage du linge, en un mot toutes opérations dont on a besoin dans la salle d'opérations.

L'installation est complétée par deux lavabos.

Paris E. Adnet Paris
E. Adnet Paris
COMPLÈTES DE SALLES D'OPÉRATIONS
PARIS
Rouzé Frères
Paris

Après la stérilisation venait la table d'opération elle-même. Celle qui était exposée est à mouvement universel, ce qui permet de l'utiliser pour pratiquer toutes les opérations connues à ce jour.

Le restant du matériel était accessoire, car il comportait des étagères roulantes, des douches à hauteur variable, des cuvettes, etc.

A l'usage des petits hôpitaux, M. ADNET exposait un nouvel appareil permettant, lui aussi, la stérilisation et le séchage des pansements. Il évite l'emploi du vide par l'eau sous pression ou par réfrigération et peut fonctionner dans les endroits qui sont dépourvus d'eau et de gaz.

ÉMAILLERIE PARISIENNE ODELIN (Gabriel)

L'EMAILLERIE PARISIENNE a ajouté à sa fabrication d'articles de ménage celle des articles d'hygiène et de pansement qui, seuls, étaient exposés dans son stand de la Classe 16.

Quoique de formes irrégulières et de dimensions très grandes et très variées, tous les objets qui nous ont été présentés étaient d'une seule pièce, sans agrafe ni rivure.

Ce résultat, qui marque un progrès dans la fabrication de ce genre d'objets, a été obtenu soit par la création d'un outillage mécanique perfectionné et très puissant, soit par l'utilisation de la soudure autogène oxhydrique.

Toutes ces pièces sont émaillées grand feu, c'est-à-dire qu'elles sont cuites à 1.200 degrés de chaleur.

Signalons enfin que plusieurs modèles de l'EMAILLERIE PARISIENNE ont été créés sur les indications de médecins et de chirurgiens des hôpitaux de Paris.

Occupant une grande superficie et employant un très nombreux personnel, cette Maison, dirigée par son fondateur, M. ODELIN, a une réputation universelle. Elle représente, sans conteste, la première, on pourrait presque dire la seule Maison qui se soit spécialisée dans cette industrie si intéressante.

LES FABRICANTS D'INSTRUMENTS OPÉRATOIRES
EN MÉTAL

Dans la Classe 16 française, on comptait plusieurs Maisons ayant acquis une grande réputation pour leur spécialité d'instruments et appareils chirurgicaux et médicaux.

Le Jury des récompenses a décerné à ces Maisons :

Grand Prix............................... 1
Diplôme d'Honneur....................... 1
Médaille d'Or.............................. 1
Médailles de bronze...................... 2

GRAND PRIX

Maison LUER

La Maison Luer exposait toute une série de ses instruments et appareils de sa fabrication courante.

D'une façon générale, on doit remarquer la finesse d'exécution et l'excellente qualité de la trempe de tous les instruments exposés. Les « tranchants » de la maison Luer, depuis les grands couteaux à amputation jusqu'aux minuscules couteaux à cataracte, ont toujours joui d'une juste et mondiale renommée. Déjà, en 1849, le Jury Central de l'Exposition disait dans son Rapport : « Un examen approfondi de la trempe et du tranchant de ces instruments nous a prouvé leur qualité et leur supériorité. Ainsi, nous avons vu les instruments les plus délicats, tels que l'aiguille à cataracte, après avoir incisé et enlevé des parcelles d'ivoire ou de corne, rester intacts

Emaillerie Parisienne
Billancourt
G. Odelin
EMAILLERIE PARISIENNE
GRAND ODELIN
1852
1899
PIÈCES ASEPTIQUES
EMAIL STANNIFÈRE GRAND FEU
SUR TÔLE D'ACIER

et pénétrer le canepin comme s'ils venaient d'être affilés ». Le
Rapport, à la suite de l'Exposition de Londres, ajoutait : « M. Luer
nous a émerveillés par la trempe de ses instruments ; il passait et
repassait le tranchant d'un couteau à cataracte sur le manche en
ivoire d'une brosse et en coupait même des morceaux sans que le
tranchant fût le moins du monde altéré par cette épreuve sévère.
Nous avons répété nous-mêmes cette expérience et nous avons obtenu
le même résultat. Jamais il n'a été de notre ressort de trouver de tels
instruments de fabrication anglaise ». La Maison Luer a su conserver cette supériorité, et les tranchants qu'elle exposait à Bruxelles
sont toujours dignes des mêmes éloges.

Un plateau était occupé par les seringues Luer, tout en cristal, si
universellement connues, de différents modèles et de toutes capacités. Nous ne nous attarderons pas sur les mérites de cette merveilleuse invention, dont la Maison Luer nous a dit avoir fabriqué
et vendu, malgré la concurrence, plus de 5oo.ooo pièces et qui a
causé une véritable révolution dans la pratique des injections hypodermiques. Si l'on observe qu'avant l'apparition de la seringue Luer
on n'osait pas, par crainte des abcès trop souvent consécutifs à
l'injection, introduire des médicaments par les voies hypodermique,
intramusculaire ou veineuse, et si l'on songe à l'emploi considérable
que l'on fait maintenant dans le monde entier de cette méthode et
aux services qu'elle rend, on ne peut s'empêcher de penser que bien
des progrès de la médecine moderne n'auraient pu être réalisés sans
la seringue Luer.

Toute la partie centrale de la vitrine était occupée par une collection complète des instruments fins et délicats d'ophtalmologie dont
la maison Luer s'est fait, depuis sa fondation, une spécialité pour
laquelle elle n'a pour ainsi dire pas de concurrence. A côté des couteaux à cataracte, des aiguilles, curettes, pinces, ciseaux, propres à
cette spécialité, l'attention du Jury a surtout été attirée par quelques
instruments et appareils nouveaux qui, par leur ingéniosité, sont
appelés à rendre de grands services ; citons au hasard : un blépha-
rostat du Dᵣ Pley, destiné à maintenir les paupières ouvertes pendant
les opérations sur les yeux et que l'opérateur peut enlever immédiatement sans secousses dans le cas d'issue du corps vitré, une boîte
à tatouage avec une série complète de couleurs pour le tatouage
coloré de la cornée, des écarteurs pour le sac lacrymal, un aspira-
teur stérilisable du Profᵣ de Lapersonne, pour l'aspiration des masses
molles dans la cataracte, une seringue stérilisable à double effet du

Dr Aubaret, d'un mécanisme très ingénieux pour aspiration et injection simultanées dans la chambre antérieure de l'œil, des releveurs injecteurs de la paupière, etc.

A côté de la fabrication des instruments ophtalmologiques proprement dits, la Maison LUER a été amenée à construire elle-même dans ses ateliers les appareils d'optique, et nous avons trouvé exposés dans sa vitrine les ophtalmoscopes de tous les modèles, une grande boîte de verres pour la recherche de l'acuité visuelle, des palettes d'essai pour la skiascopie, etc.

DIPLOME D'HONNEUR

Ancienne Maison L. DUMEZ, LEPETIT (Jules), Succ^r

La participation de cette Maison comprenait un certain nombre d'objets et d'appareils, dont nous signalons quelques-uns : le « doucheur interne », le « laveur vaginal » qui permet de donner des injections à très haute température sans danger de brûlure et en supprimant l'emploi du bassin, même au lit; des canules, des sondes intestinales, des épaulières de maintien, des corsets orthopédiques, etc., composaient l'exposition de cette Maison dans la Classe 16.

MÉDAILLE D'OR

Le Jury des récompenses a décerné une Médaille d'Or à la Maison

P. MORIA

Cette Maison exposait des instruments de chirurgie oculaire, son stérilisateur-trousse électrique à température limitée, qui dispense des divers systèmes d'avertisseurs, et sa seringue à piston de verre dite F. M.

MÉDAILLE DE BRONZE

M. CONRAUX

qui exposait un appareil de son invention et dont l'usage doit guérir
les cors !

LES FABRICANTS D'APPAREILS EN CAOUTCHOUC
ET EN GOMME

Cette spécialité de fabrication, dont l'essor est considérable depuis quelques années, était représentée dans la Classe 16 française par les Maisons les mieux qualifiées de notre pays.

Un Exposant était membre du Jury des récompenses, sa Maison a été mise Hors Concours.

Une Maison a eu un Grand Prix et, des deux autres, l'une a été récompensée par une Médaille d'Or, tandis que la seconde n'a obtenu qu'une Médaille d'Argent.

HORS CONCOURS, MEMBRES DU JURY

Maison DELAMOTTE, A. PLISSON, Succr

La Maison DELAMOTTE, 68, rue Jean-Jacques-Rousseau, à Paris (A. PLISSON, successeur), est la plus ancienne et la plus importante fabrique d'instruments de chirurgie en gomme et caoutchouc. Sa fondation remonte à 1789. C'est à elle que les chirurgiens de tous pays doivent tous les perfectionnements dans ce genre d'instruments et, entre autres, la création des yeux aseptiques, des yeux tissés, du gommage intérieur.

Ses instruments, toujours tenus au courant des progrès de la science, se recommandent pour leur conservation indéfinie, leur inaltérabilité absolue sous tous les climats, leur résistance à toutes stérilisations. Nous avons particulièrement remarqué les nouvelles sondes et bougies en soie qui présentent des qualités sans pareilles et qui, préparées sans vernis, restent indéfiniment souples et cependant d'une consistance parfaite. Ses bandages, complètement recouverts de gomme, sont imperméables et lavables, donc toujours propres, donc pratiques et hygiéniques.

Pour la fabrication de ses instruments en caoutchouc, la Maison Delamotte n'emploie que du pur para, ce qui lui permet de leur donner une grande souplesse et de les garantir de longue conservation.

Nous rappelons une innovation de cette Maison : le cachet de garantie, qui assure que les instruments n'ont été ni essayés ni utilisés et ne contiennent par suite aucun germe pathogène.

Dans l'organisation de la Classe 16, notre sympathique collègue, M. A. Plisson, a fait preuve de remarquables qualités d'organisateur et a dépensé une activité dont nous tenons à le remercier au nom des Exposants de notre Classe.

Rapporteur du Jury de la Classe médecine et chirurgie à l'Exposition Franco-Britannique, il a produit un travail qui a eu un légitime succès d'estime.

Sa situation personnelle, les nombreuses amitiés qu'il a réussi à se créer, le désignent pour être, dans un avenir peu éloigné, le chef qui guidera la participation de nos Exposants dans les luttes qui s'annoncent.

GRAND PRIX

Le Jury a décerné un Grand Prix à la Maison

PORGÈS

Cette Maison exposait des sondes-bougies en gomme, garanties inaltérables et stérilisables à de hautes températures. Comme dernière création, elle nous présentait la sonde et la bougie en gomme blanche.

Ces instruments ont été fabriqués avec l'intention de répondre aux exigences de la chirurgie et aux desiderata de l'asepsie.

Ils sont garantis tissés en triple soie pure et entièrement fabriqués en matières blanches de première qualité.

MÉDAILLE D'OR

La Maison à laquelle le Jury a attribué une Médaille d'Or est celle de M.

P. VIAULT

Elle a pour objet la fabrication et la vente de tous articles en caoutchouc souple et principalement ceux pour la chirurgie, l'hygiène et les sciences.

Elle est réputée pour la bonne et rapide exécution des pièces spéciales qui sont constamment nécessaires à la suite d'opérations.

MÉDAILLE D'ARGENT

En attribuant une Médaille d'Argent à M.

RIVAUD

le Jury a reconnu que cette exposition présentait un réel intérêt.

Parmi les objets exposés, nous citerons :

Une têtière pneumatique, permettant à l'opérateur d'exercer sur la tête du malade la pression nécessaire sans qu'il n'en éprouve aucune gêne, la tête reposant sur deux coussinets à air.

Des poires en caoutchouc, des canules pour le douchage des gencives, des gants pour les opérations et un produit dénommé « Enduit Rivaud », qui conserve la souplesse du caoutchouc vulcanisé.

BANDAGES HERNIAIRES

Cette très intéressante et active branche des industries qui appartiennent à la médecine et à la chirurgie, était représentée, dans notre Classe 16 française, par cinq Maisons de grande importance.

Le Jury des récompenses a décerné un Grand Prix à quatre Exposants, et un Diplôme d'Honneur.

Il a également récompensé d'un Grand Prix la participation de l' « Enseignement professionnel » de la mécanique orthopédique, prothétique, herniaire et chirurgicale, œuvre d'une haute portée sociale créée par la Chambre syndicale des instruments et appareils de l'art médical et chirurgical.

GRANDS PRIX

DRAPIER ET FILS
VAN STREENBRUGGHE ET BRETON, Succʳ

Cette Maison a été fondée en 1829.

Depuis 1855 elle prend part aux grandes Expositions et de hautes récompenses lui ont été décernées.

Elle fabrique les bandages, l'orthopédie et les instruments de chirurgie.

Tous ses appareils sont faits à la main, et la plus haute précision et le plus grand soin président à leur fabrication.

À Bruxelles elle exposait les principaux spécimens de sa fabrication :

Appareil de redressement progressif des scolioses, avec plaques costales sur leviers, breveté S. G. D. G. ;

Appareil pour tarsoptose douloureuse, breveté S. G. D. G. ;
Jambe artificielle nouveau modèle ;
De nouveaux types de ceintures et de tissus élastiques à jours ;
Des bandes à compression des varices, modèle Drapier ;
Des appareils de massage ;
Des instruments de chirurgie.

Maison importante, consciencieuse, occupant un nombreux personnel.

PANNETIER (A.)

Cette Maison mérite également la haute récompense qui lui a été décernée par le fini de ses appareils.

La MANUFACTURE CENTRALE DE BANDAGES ET D'APPAREILS DE L'ART MÉDICAL a été fondée, en 1898, à Commentry (Allier), par M. A. PANNETIER, Membre du Conseil d'Hygiène de l'arrondissement de Montluçon. Non content de perfectionner certains appareils, il en créa de nouveaux : bandages sans ressort à lame directrice, bandages pour bébés, cuillère officinale graduée, « Danaïd-Siphon », etc.

M. PANNETIER se rendit ensuite acquéreur de l'ancienne Maison BURAT FRÈRES, de Paris, dont il continue la renommée.

Cette Maison, fondée en 1816, est la plus ancienne Maison d'orthopédie de Paris, après la Maison Wickham.

Tout en perpétuant la réputation des appareils BURAT, qui ont valu à ses inventeurs l'approbation élogieuse de l'Académie de Médecine, M. PANNETIER a adjoint à sa Maison de Paris la fabrication des corsets médicaux et des ceintures.

Les appareils exposés dans la vitrine de M. PANNETIER étaient complètement fabriqués à la Manufacture centrale et à sa filiale, Maison BURAT, même les pièces métalliques d'ajustage et de mécanique.

Pannetier Commentry
Duret, Paris | Pharmacie Swann, Paris | Dᵒʳ Meneière

RAINAL (Léon et Jules) FRÈRES

Cette Maison a été fondée, en 1828, par RAINAL PÈRE ; sa spécialité de fabrication est le bandage herniaire. Cependant, elle nous a présenté, à Bruxelles, des appareils orthopédiques particulièrement bien construits.

Nous signalerons principalement :

Un nouveau système de fabrication du corset en cuir moulé.

Ce nouveau système de fabrication consiste essentiellement à appliquer le cuir sur un moulage modifié de telle façon qu'il se rapproche le plus possible de la rectitude. Le corset, au lieu d'être exécuté sur un moulage difforme, est établi sur un buste normal, afin que le redressement soit obtenu dès que le malade porte son corset.

Nouveau bras agricole.

Ce nouveau modèle permet à l'ouvrier de transformer instantanément son appareil de travail en appareil de luxe.

Un nouveau mouvement de rotation du coude permet l'adduction de l'avant-bras sur la partie thoracique, disposition qui n'existait pas dans les appareils.

Nouvelle articulation tibio-tarsienne.

Ce nouveau dispositif a l'avantage :

1° D'éviter le bruit de l'articulation métallique ;

2° D'assurer un point d'appui élastique sur le sol ;

3° De rendre faciles les réparations en cas d'usure ;

4° De permettre à l'amputé lui-même de remplacer tout le système de l'articulation.

Appareils plâtrés instantanés, brevetés S. G. D. G., et qui présentent les avantages suivants :

1° Présenter un volume réduit dans les caisses de secours et dans les voitures d'ambulances ;

2° Pouvoir se conserver indéfiniment sans avoir à craindre la moindre altération du plâtre, grâce au système de fermeture hermétique ;

3° Pouvoir être appliqués constamment sans avoir l'ennui de délayer du plâtre ;

4° Assurer une immobilité absolue dans les cas de fractures, grâce à leur composition offrant une solidité qui n'existe pas dans l'appareil plâtré classique ne comprenant que de la tarlatane.

WICKHAM (G. et H.)

Cette Maison a été fondée à Paris, en 1814, par John-Johnson Wickham, ouvrier mécanicien de la Maison Salmon, Ody et Cⁱᵉ, de Londres. M. Ody, son parent et son ancien patron, fut son commanditaire. Après quelques fluctuations, la raison sociale devint, en 1823, Wickham et Hart. En 1850, à la mort de John-Johnson Wickham, ses deux fils, le Dʳ Robert et Georges, le remplacèrent comme gérants ; en 1857, ils rachetèrent la part de Mᵐᵉ Hart et dirigèrent ensuite la Maison jusqu'en 1880, sous la raison sociale Wickham Frères. Depuis 1900, notre collègue, Henri Wickham, fils de Georges Wickham, est le seul chef de cette Maison.

Sa spécialité de fabrication est le bandage herniaire et principalement le genre dit bandage anglais.

Dans sa vitrine, à Bruxelles, figuraient des ceintures abdominales, des bandages herniaires, des bas élastiques pour le traitement des varices, des appareils orthopédiques, des corsets.

Par son importance, comme par la perfection de ses appareils, cette Maison occupe la première place dans cette industrie si importante.

DIPLOME D'HONNEUR

Le Jury des récompenses a décerné un Diplôme d'Honneur à M.

BARRÈRE

Le « Bandage Barrère » a été inventé, en 1882, par le Dʳ L. Barrère. Il est entièrement élastique et, par une rationnelle disposition des liens autour du bassin, assure l'absolue contention de toutes les hernies, dans toutes les positions, avec le minimum de gêne.

Il a été adopté par décision ministérielle du 16 juillet 1889.

Il est appliqué actuellement dans le monde entier, dans les succursales ou cabinets d'application dirigés par des médecins, des pharmaciens, des bandagistes et installés dans les principales villes : Londres, Berlin, Bruxelles, Rome, Naples, Madrid, Barcelone, Constantinople, Le Caire, Genève, Buenos-Ayres, Smyrne, Bucarest, etc.

HOPITAUX. MAISONS DE SANTÉ

Dans notre Classe 16, on comptait quatre Exposants, dont la spécialisation professionnelle concerne la construction et l'organisation des Maisons de santé.

L'aimable président de notre Classe, M.

LEGROS (Georges)

qui exerce la profession d'architecte, appartient à cette catégorie d'hommes distingués qui ont consacré leur talent et leur esprit d'initiative à améliorer les conditions d'hygiène des hôpitaux.

M. Legros exposait une monographie et une perspective concernant l'hôpital Boucicaut dont il est l'architecte.

Cet établissement hospitalier est un modèle du genre : il fait le plus grand honneur à celui qui en a conçu les plans et qui en assure la réalisation et en a étudié jusqu'aux plus infimes détails.

Le Jury des récompenses a décerné *un Grand Prix*.

Un Grand Prix a également récompensé la participation du

Dr JOUSSET

qui exposait des documents relatifs à la Maison Marguerite, hôpital gratuit pour enfants atteints de maladies aiguës.

Un Diplôme d'Honneur a été décerné à M.

BERTRAND (F.)
Architecte.

qui exposait des plans et documents concernant le service médical et le service hospitalier de la « Mutualité industrielle », Société d'assurances contre les accidents du travail, à Paris.

Une Médaille d'Argent a été attribuée à la

MAISON DE SANTÉ DE NEUVILLE
Paris.

qui exposait des documents relatifs à son installation d'hygiène.

ENSEIGNEMENT PROFESSIONNEL

Nous avons dit que le Jury des récompenses avait décerné un Grand Prix à

L'ENSEIGNEMENT PROFESSIONNEL
DE LA MÉCANIQUE ORTHOPÉDIQUE, PROTHÉTIQUE
HERNIAIRE ET CHIRURGICALE

Cette œuvre d'enseignement a son siège social à l'Hôtel des Sociétés Savantes, 28, rue Serpente, Paris.

Elle exposait un tableau détaillé comprenant les matières enseignées des cours et conférences, le graphique des présences des élèves et les noms des professeurs.

Fondé depuis 1893, cet E. P. absolument gratuit décerne aux élèves, après deux années de cours et s'ils ont satisfait à l'examen de sortie, un diplôme de capacité. Les élèves acquièrent le bagage scientifique indispensable au futur bandagiste-orthopédiste.

Le corps des professeurs, absolument désintéressé et d'un dévouement absolu, mérite les plus vifs éloges ; il fonctionne sous la présidence de M. Van Steenbrugghe et comprend :

M. le Dʳ Sainton, Chevalier de la Légion d'honneur, Chirurgien de l'hôpital Péan.

M. le Dʳ Desmaroux.

M. le Dʳ Cailleux.

M. Brull, Ingénieur E. C. P., Préparateur à l'École Centrale.

Et MM. Fallou, Plisson, Viault et Van Steenbrugghe.

Nous ne saurions trop souhaiter que l'exemple de la Chambre syndicale des instruments et appareils de l'art médical et chirurgical soit suivi par l'ensemble des associations patronales. Ainsi se trouverait résolu ce grave problème de l'apprentissage, qui sollicite, à si juste titre, l'intérêt des pouvoirs publics.

G. Boulitte Paris
Giroux Paris
L'Elegance Paris
Wickham Paris

PHYSIOLOGIE. OPTIQUE MÉDICALE. ACOUSTIQUE
RADIOGRAPHIE

Ces diverses branches des industries et des sciences qui se rattachent à la médecine et à la chirurgie étaient représentées dans la Classe 16 française de l'Exposition de Bruxelles.

Le Jury des récompenses a décerné aux Exposants appartenant à ces catégories :

Grands Prix 5
Diplôme d'Honneur 1
Médaille d'Argent 1

I. — Physiologie Expérimentale.

GRANDS PRIX

BOULITTE (G.)

Cette Maison fut fondée, en 1873, par Ch. VERDIN, pour la construction et la vente des appareils de précision nouvellement inventés par le Prof^r Marey pour l'étude de la physiologie expérimentale : enregistreurs, tambours inscripteurs, sphygmographes, cardiographes, appareils pour l'étude de la circulation du sang, explorateurs de toutes sortes, appareils pour la méthode graphique, etc., etc. Depuis cette époque, cette science nouvelle ayant pris le développement que l'on sait, cette Maison a été amenée à étudier et à construire les appareils les plus divers pour la physiologie, la médecine, la phonétique, etc.

En 1907, la Maison fut reprise par M. Boulitte, ingénieur E. S. E., qui expose, en outre des appareils signalés ci-dessus, de nouveaux modèles d'enregistreurs, d'instruments de physiologie et de clinique médicale. A signaler particulièrement l'oscillomètre sphygmométrique de V. Pachon (Prix Barbier 1909), appareil destiné à la mesure de la pression artérielle chez l'homme, basé sur un principe entièrement nouveau.

Le stand de cette Maison fut particulièrement remarqué.

ZUND-BURGUET

Institut de Physiologie expérimentale.

M. Zund-Burguet, dans son Institut de physiologie expérimentale appliquée, 1, rue de Stockholm, Paris, s'occupe de la rééducation respiratoire, vocale et auditive. Les appareils exposés ont été inventés par l'opérateur et sont utilisés pour le traitement de ses malades.

A côté d'une série de petits instruments pour la correction mécanique des défauts du langage et d'un appareil appelé « Spiro », destiné au développement des organes respiratoires, nous avons remarqué particulièrement un appareil de grandes dimensions :

L'*Électro-Voisphone*, ainsi appelé parce qu'il produit, à l'aide d'un courant électrique, toute l'étendue des sons de la voix humaine. Cet appareil breveté, d'une composition originale, constitue la base d'une méthode de rééducation auditive qui est appliquée avec succès par un grand nombre de médecins-auristes dans le traitement de la surdité par sclérose. Cet appareil a fait l'objet d'un mémoire très documenté, présenté l'an dernier à l'Académie Royale de Médecine de Belgique par le Dr J. Helsmoortel, d'Anvers.

II. — Optique Médicale.

GRANDS PRIX

Maison L. GIROUX, GUILLEMAUD, Succʳ

Cette Maison a été fondée par M. Roulot en juin 1860. Elle a deux magasins de vente, dont un boulevard Haussmann, n° 33. Elle s'est spécialisée dans la construction d'instruments d'optique et d'ophtalmologie et assure la perfection de la partie mécanique de ses instruments et la précision de l'optique. Elle exposait les instruments suivants : ophtalmomètre Javal et Schiolz, dernier modèle ; optomètre du Dʳ Terrien, une boîte de verres dessus glace, bagues vissées. Les nouveaux verres à l'esculine, arrêtant complètement les rayons ultra-violets, 12 ophtalmoscopes, règles de skiascopis, échelles d'acuité.

Cette exposition était particulièrement intéressante.

BOISSONNEAU PÈRE, H. LEGRAND, Succʳ

Cette Maison ne s'occupe que des yeux artificiels humains ; elle a été fondée par Boissonneau père, en 1830, comme première maison d'oculariste ; M. Legrand est son seul élève et successeur.

Notre attention a été plus particulièrement attirée sur une nouvelle prothèse à double coque qui a l'avantage (sur la simple coque) de supprimer les sécrétions, de remplir la cavité, de donner plus de mobilité, et dure, en outre, plus longtemps.

Stand très intéressant à tous points de vue et qui faisait honneur à cette très importante Maison.

DIPLOME D'HONNEUR

Le Jury des récompenses a décerné un Diplôme d'Honneur à une haute personnalité médicale ayant acquis une grande réputation dans le monde des chirurgiens ophtalmologistes.

Le Dr TERRIEN
Professeur agrégé à la Faculté de Médecine
Chirurgien ophtalmologiste de l'Hôpital des Enfants-Malades.

L'exposition que cette personnalité avait faite dans la Classe peut se diviser en deux parties :

1° *Ouvrages ;* 2° *Instruments d'optique.*

Dans la première catégorie : ouvrages, le Dr Terrien avait réuni les principaux traités d'enseignement qu'il a écrits depuis dix ans et dont la réunion a joué un grand rôle dans sa nomination de professeur agrégé de la Faculté de Médecine.

Parmi ces ouvrages nous citerons :

1° *Traité de chirurgie* de l'œil et de ses annexes, traduit en allemand et couronné par la Faculté de Médecine de Paris (Prix Châteauvillard) ;

2° Le *Précis d'ophtalmologie*, ouvrage de 600 pages, couronné par l'Académie de Médecine (Prix Meynot) ;

3° Le *Traité de la syphilis de l'œil*, également traduit en allemand ;

4° Enfin, le *Traité du traitement du strabisme*, ouvrage dans lequel sont consignés les résultats de six années d'observation et permettant de guérir le strabisme sans opération.

Dans la seconde catégorie : instruments de chirurgie et d'optique, le Dr TERRIEN exposait :

1° *Divers modèles d'ophtalmoscopes* très pratiques pour l'examen du fond de l'œil ;

2° Une *palette lumineuse* imaginée par lui et sans laquelle il n'est pas possible d'obtenir des résultats concordants dans l'examen du champ visuel ;

3° Un *monocle* pour la correction des paralysies oculaires ;

4° Et surtout un *synoscope* qui permet la correction du strabisme sans opération.

III. — Acoustique.

MÉDAILLE D'ARGENT

BURGH (Fernand)

Exposait un acoustique destiné à améliorer le sens auditif. Cet appareil, dénommé « Acoustiphone », étant à coulisse, a l'avantage sur tous les appareils similaires de pouvoir s'adapter à toutes les oreilles et de s'y maintenir sans aucune ligature.

Pour augmenter l'amplification des ondes, à l'intérieur se trouve une complication de fils vibratoires.

IV. — Radiographie.

GRANDS PRIX

Cette science si intéressante, et dont la découverte a rendu d'inappréciables services à la chirurgie et à la médecine, était représentée dans notre Classe 16 par un seul Exposant, qui a obtenu un Diplôme de Grand Prix.

INFROIT

Exposait deux cartes radiographiques.

De par la personnalité de cet Exposant, et de par l'intérêt réel que présentent les objets exposés, ce stand retint tout particulièrement l'attention du Jury.

ART DENTAIRE
DENTISTES ET FABRICANTS D'APPAREILS

Dans la Classe 16 de la Section française, l'art dentaire était représenté par 41 Exposants, dont 8 exposaient dans une collectivité de « l'art dentaire ».

1 Exposant a été mis Hors Concours.
4 Exposants ont obtenu un Grand Prix.
2 — — un Diplôme d'Honneur.
5 — — une Médaille d'Or.
10 — — une Médaille d'Argent.
10 — — une Médaille de Bronze.
8 — — en collectivité, un Grand Prix.

HORS CONCOURS

Dans le Jury des récompenses, l'art dentaire était représenté par le

Dʳ CAPDEPONT
Président de la Société de Stomatologie de Paris.

dont nous avons déjà parlé, et qui exposait des appareils pour dentistes.

GRANDS PRIX

D' DELAIR

Professeur à l'École dentaire de Paris, le Dr DELAIR exposait dans la Classe 16 des appareils qui lui ont mérité sa réputation. Nous signalerons, particulièrement, un larynx artificiel « Delair » pour laryngotomisés ; un voile du palais artificiel « Delair » pour fissurés congénitaux ; des appareils de restaurations prothétiques du crâne, de la face et des maxillaires.

Ces divers appareils, très ingénieux, ont été inventés et sont fabriqués par le Dr DELAIR.

Drs GODON (Ch.) ET LEMERLE
« ÉCOLE DENTAIRE DE PARIS »

Les Drs GODON (Ch.) ET LEMERLE exposaient des documents relatifs à l'enseignement dentaire.

La SOCIÉTÉ DE L'ECOLE ET DU DISPENSAIRE DENTAIRES DE PARIS, fondée en 1880 par souscription publique, est à la fois une œuvre philanthropique et d'enseignement mutuel. Elle n'a aucun caractère commercial et ne vise nullement à la réalisation de bénéfices.

Elle a un double but : donner l'instruction professionnelle aux étudiants en chirurgie dentaire ; donner *gratuitement* des consultations et des soins aux indigents souffrant d'affections du système dentaire.

C'est la première école professionnelle fondée en France.

Elle a été reconnue d'utilité publique par décret du 19 février 1892 ; son dispensaire a été assimilé, par décision du 24 juillet 1906, aux dispensaires de l'Administration générale de l'Assistance publique.

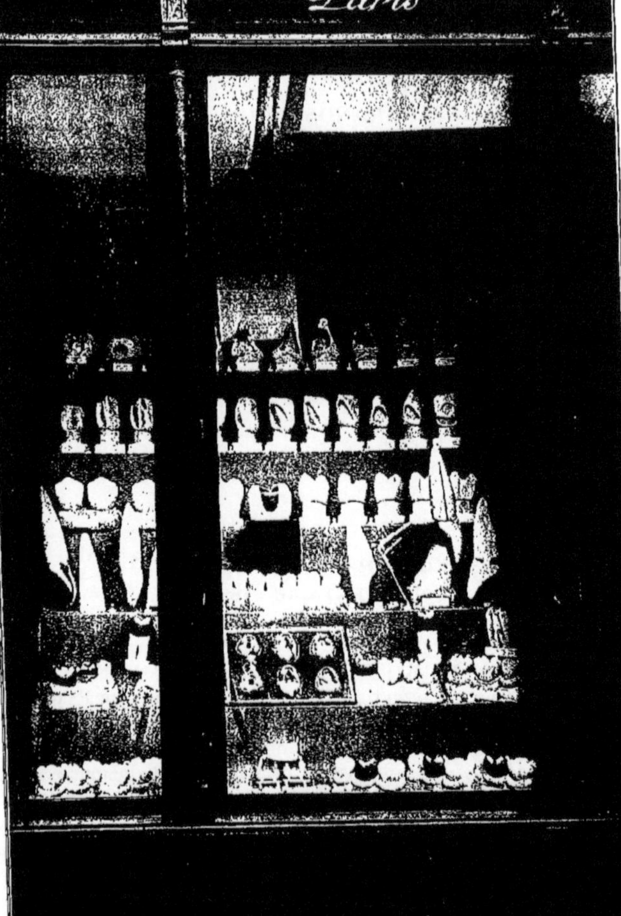

Enseignement d'Art dentaire
Paris

Elle a **exposé** un tableau synoptique du programme des études théoriques et **pratiques** à l'école, un graphique des élèves et des diplômés, un graphique des malades **et des** opérations pratiquées, un tableau du groupement dont elle fait **partie, des** livres et documents servant à l'enseignement de la chirurgie et **de la prothèse** dentaires et relatifs à l'hygiène dentaire.

Cet établissement a une réputation qui a depuis déjà longtemps franchi nos frontières et nous sommes heureux de féliciter ici les directeurs de leur dévouement à l'œuvre intéressante qu'ils poursuivent.

Dr ROUSSEL (Geo.-A.)
Professeur à l'École dentaire de Paris.

Exposait des modèles pour la démonstration des principales opérations d'art dentaire :

1° Pour la conservation des dents (aurification, blocs de porcelaine, blocs d'or) ;

2° Pour le remplacement des dents par des couronnes en or et en porcelaine ou par des bridges.

Toutes les pièces agrandies sont démontables, elles indiquent la technique de chaque opération dans ses différentes phases, suivant les méthodes les plus récentes et les plus pratiques.

Cette exposition fut remarquée de tous, et retint tout particulièrement l'attention du jury ; elle constituait un ensemble des plus intéressant.

DIPLOMES D'HONNEUR

Les deux Exposants qui ont obtenu un Diplôme d'Honneur pour leur exposition dentaire sont fabricants de fournitures pour dentistes.

ASH (P.-C.)

Les instruments que cette Maison exposait sont les suivants :

1° *La presse Solbrig-Platschick*, pour tous travaux en métal. Cette presse ne date que de 1908. Elle a été établie sur les recherches et les travaux de M. le Dr Solbrig, chirurgien-dentiste à Paris et de M. B. Platschick, directeur de la Maison P.-C. Asu, à Paris.

Par substitution du coulage à cire perdue à l'ancien procédé d'estampage des métaux, cette presse réalise une grande simplification dans le travail et une économie de temps. Elle assure une adaptation parfaite des plaques. Non seulement elle a permis de confectionner les inlays ou blocs en métal, mais encore elle trouve son application dans tous les travaux de prothèse métallique ;

2° *Presse Solbrig-Platschick, n° 2* (modèle réduit). La pièce n° 2 permet d'exécuter les mêmes travaux mais est de plus petites dimensions que la presse n° 1 ;

3° *Four électrique à pyromètre B. Platschick*, pour l'exécution des travaux céramiques en art dentaire. Ce four est le premier qui ait été muni d'un pyromètre, grâce auquel a pu être établi un régime scientifique de cuisson, au lieu des cuissons empiriques dont on avait dû se contenter jusque-là. Il permet de suivre, minute par minute, les progrès de la cuisson, et assure en outre au praticien d'obtenir toujours des porcelaines parfaitement uniformes en les portant toujours au même degré de cuisson.

Il réalise une grande économie de temps, grâce à l'interchangeabilité des moufles, qui évite au dentiste possédant deux moufles d'attendre le refroidissement de celui qui vient de servir et de régler à nouveau le pyromètre ;

4° *Réflecteur électrique mural avec lampe Nernst*. Ce réflecteur d'un nouveau modèle, par sa puissance lumineuse, donne un éclairage remarquable de la bouche. Il a, de plus, l'avantage de ne gêner ni les yeux du patient ni ceux de l'opérateur et la rotule dont il est muni permet de placer le tube réflecteur dans toutes les positions ;

5° *Étagère aseptique*. Ce meuble, établi selon les dernières données de l'hygiène et de la science modernes, est entièrement en métal et opaline, il est donc parfaitement aseptique.

Collectivité Dentaire
Collectivité Dentaire

PICARD (Henri) ET FRÈRE, LES FILS DE PICARD (Henri) ET Cie
131, boulevard Sébastopol, Paris.

L'exposition de cette Maison comprenait exclusivement des instruments de chirurgie dentaire fabriqués dans ses ateliers et des caoutchoucs provenant de ses ateliers de Londres.

Mais parmi les objets exposés, il convient de faire une mention spéciale pour la dent « Sada », qui est manufacturée dans les usines que la Maison PICARD (Henri) ET FRÈRE possède à Glatigny-Versailles.

Jusqu'à ce jour, les chirurgiens-dentistes français étaient tributaires de l'Amérique et de l'Angleterre pour leurs dents artificielles, ce qui n'était pas sans de multiples inconvénients, le manque de choix, la lenteur des livraisons, etc., etc.

La fabrication de la dent Sada est faite sous la direction technique, d'un comité composé de dix chirurgiens-dentistes que leurs capacités et titres désignaient pour ce poste.

Le laboratoire d'essais du Conservatoire national des Arts et Métiers, auquel MM. PICARD ont soumis, pour essais, les dents fabriquées dans leur usine, a reconnu que « l'arrachement des crampons ne pouvait se faire qu'après un effort de 20 kil. 500, soit 6 kilos supérieur à l'une des dents américaines.

MÉDAILLES D'OR

Six Médailles d'Or ont été décernées par le Jury aux Exposants de l'art dentaire.

Nous signalerons la participation de MM.

CARLES (Henri)

Exposait un fauteuil pour opérations dentaires. Cet appareil bon marché, et cependant d'une exécution très soignée, est muni de tous les dispositifs reconnus utiles par les praticiens.

MEINARD VAN OS

Exposait principalement des fournitures dentaires, articles aseptiques de cuivre nickelé et cristal, des instruments cirés et autres petits produits. Cette Maison fait la représentation, en France, des fabricants étrangers.

PITSCH

Exposait des produits dentaires.

Dr PONT

Exposait des appareils dentaires, leur solidité et leur fini ont invité le Jury à donner à ce praticien une Médaille d'Or.

REVIRON, BUGNET, POMIÈS
« Laboratoire de Prothèse Dentaire. »

Cette Maison se consacre exclusivement à la fabrication des appareils dentaires pour les chirurgiens-dentistes et docteurs-dentistes, et en aucun cas elle ne travaille pour le public.

Elle a pris rapidement un essor considérable et, depuis plusieurs années déjà, elle est une des plus importantes du monde entier pour sa spécialité.

L'importance et la variété des commandes qui lui sont adressées par ses clients de Paris, de province et des pays voisins (Belgique, Suisse, Espagne, Portugal, Allemagne, Italie, Bulgarie et Turquie) lui a permis de spécialiser ses meilleurs ouvriers dans les diverses branches de la prothèse dentaire, ce qui leur a fait acquérir une grande habileté et une forte expérience, même dans des travaux qui ne sont faits qu'exceptionnellement dans les cabinets dentaires.

Outre la fabrication des appareils dentaires, ses directeurs s'occupent aussi de l'enseignement de la mécanique dentaire dans des cours qui ont lieu tous les jours de 2 à 5 heures.

Elle exposait, dans la Classe 16, 43 pièces dentaires très intéressantes, parmi lesquelles nous signalons des bridges de systèmes divers, un nez en porcelaine, des dentiers complets, des pièces sur base en platine et avec gencive continue en porcelaine à haute fusion, un dentier miniature en hippopotame, un maxillaire complet, deux moulages en cire reproduisant des bouches anormales, etc., etc.

SOCIÉTÉ FRANÇAISE DE FOURNITURES DENTAIRES
WEBER (Henri) ET Cⁱᵉ

Cette Société ne s'occupe que de la fourniture générale pour l'art dentaire. Elle exposait :

Une armoire aseptique pour cabinet de dentiste.

Un appareil d'anesthésie générale (Brevet Décollaud) permettant de donner l'anesthésie à distance et d'éviter les suffocations, ainsi que de donner de l'air au patient pendant l'anesthésie.

Des instruments, élévateurs et autres, tout en métal, permettant une asepsie parfaite.

Des ciments et amalgames pour plombages et des caoutchoucs pour pièces dentaires.

MÉDAILLES D'ARGENT

Dix Médailles d'Argent ont été décernées par le Jury ; elles ont été attribuées à MM.

BARRIE

Exposait un four électrique, destiné aux usages dentaires, et de dimensions restreintes.

CHARBONNIER

Exposait un four à porcelaine et un bridge amovible.

CHOQUET
Professeur à l'École dentaire.

Exposait des ouvrages et des planches concernant l'enseignement dentaire.

FRANCIS

Exposait des objets concernant l'art dentaire.

JOLY

Exposait une lancette interchangeable.

KŒNIG

Exposait des instruments de chirurgie dentaire.

LALEMAND

Exposait des appareils dentaires.

Art Dentaire · Collectivité

RIGOLET

Exposait un appareil de restauration velo-palatine et un appareil pour réductions des fractures du maxillaire.

RIVAUD

Exposait des fournitures dentaires.

ROY

Exposait un appareil de prothèse dentaire.

MÉDAILLES DE BRONZE

Enfin, notre Jury a eu à examiner 10 Exposants, auxquels il n'a pu accorder qu'une Médaille de Bronze et dont la participation ne mérite aucune description spéciale.

COLLECTIVITÉ DE L'ART DENTAIRE

La collectivité de l'art dentaire avait été constituée avec 8 Exposants. Le Jury lui a décerné un GRAND PRIX.

Dans cette collectivité, on remarquait :

LE CERCLE ODONTOLOGIQUE DE FRANCE

La Maison MASSON, Éditeur

Le Dr AUDY
de Senlis.

MM. DUBOIS, FOURQUET, MORCHE, PONT ET QUINCEROT

Ils avaient envoyé à notre Classe des revues et des ouvrages traitant de sciences dentaires.

ALIMENTATION DES MALADES

L'hygiène alimentaire a fait, en ces dernières années, des progrès remarquables.

Sous l'influence des travaux d'A. Gautier, d'A. Robin, de Bouchard, de Huchard, d'Alquier, de Bardet, sous l'impulsion donnée par la fondation de la Société d'hygiène alimentaire et de l'alimentation rationnelle de l'homme, par le Dr Ricard, une part beaucoup plus considérable est actuellement accordée à la diététique dans le traitement des affections aiguës et chroniques.

Des entreprises industrielles devaient nécessairement se créer pour fabriquer spécialement les produits alimentaires dont le monde médical recommandait l'emploi comme un moyen efficace de guérir.

Nous avons eu, à l'Exposition de Bruxelles, à examiner dans la Classe 16 française 2 Exposants qui soumettaient à notre jugement des produits alimentaires spéciaux pour régime ou pour malades.

Le Jury des récompenses a décerné, à l'un, un Diplôme d'Honneur ; à l'autre, une Médaille d'Or.

DIPLOME D'HONNEUR

BASCOURET

Exposait les « Biscottes du Dr Voebt », à la légumine diastasée.

La *Légumine*, appelée viande végétale par Cahours et Dumas, appartient au groupe de nucléo-albumines ; elle est d'une richesse incomparable en azote et en phosphore ; elle est au gluten ce que la sérine est à la fibrine du sang, mais elle diffère du gluten en ce qu'elle est soluble, et par conséquent plus apte à subir les transformations digestives. Les nombreux essais faits au laboratoire de thérapeutique du Prof^r Hayem, à la Faculté de Médecine, les travaux entrepris sous les auspices du Prof^r Pouchet ont montré que la pénétration de la légumine dans l'organisme est assez rapide pour que cette substance ne soit plus retrouvée dans l'estomac vingt minutes après son ingestion. Ces travaux établissent en outre que la légumine augmente le taux de la fonction gastrique et ne laisse pas, après son passage dans le tube digestif, les résidus toxiques voisins des ptomaines et des leucomaines (Académie de médecine 1900).

Elles constituent une ressource alimentaire précieuse dans le traitement de nombreuses affections.

MÉDAILLE D'OR

SOCIÉTÉ L'ALIMENT ESSENTIEL

Cette Société, grâce à son usine montée d'après les derniers perfectionnements modernes, grâce à un personnel technique et scientifique qu'elle s'est attaché, fournit des produits de régime universellement appréciés des médecins et utilisés par eux pour l'alimentation des malades et des convalescents.

Tous ces produits sont traités selon leur destination, soit en ajoutant des éléments augmentant la valeur nutritive, comme pour le « Pain Essentiel », ou en éliminant les matières nuisibles.

Cette Société a présenté au Jury principalement les produits alimentaires et de régime de Ch. Heudebert ; pain « essentiel », farine essentielle, biscottes de pain complet de Châtel-Guyon, pain triplex Ch. Heudebert, etc., etc.

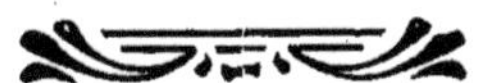

LA CLASSE 16
DANS LES
SECTIONS AUTRES QUE LA FRANCE

Section Allemande.

La Classe 16 allemande était très importante et fort intéressante. Pendant que dans le Groupe qui lui avait été assigné dans le Hall des Cultes, la mécanique chirurgicale se présentait sous la forme d'expositions individuelles de 24 maisons, l'exposition spéciale, dans le Groupe de l'Art de l'Habitation d'une salle d'opérations, nous montrait l'ensemble de toutes les ressources dont elle dispose dans un tableau copié sur la réalité.

Assistés des lumières du Directeur de la Clinique chirurgicale de l'Université de Berlin, M. le Prof⟨r⟩ D⟨r⟩ Bier, Conseiller intime de Médecine, pour la partie chirurgicale, des spécialistes pour l'installation des cliniques (secondés de mécaniciens de la chirurgie), avaient créé un cadre complet pour la chirurgie.

Le Jury des récompenses a mis *Hors Concours* un Exposant et a décerné :

Grands Prix... 18
Diplômes d'Honneur................................... 4
Médailles d'Or...................................... 15
Médailles d'Argent.................................. 5

HORS CONCOURS

La présidence du Jury avait été réservée à M. le Dr WASSERMANN, Conseiller intime de Médecine, Professeur à l'Université de Berlin, dont la science n'a d'égale que la haute courtoisie.

Les Exposants allemands étaient représentés dans le Jury international des récompenses par

H. HAUPTNER
Berlin et Munich.

Qui exposait des instruments pour la chirurgie et la médecine vétérinaire, des appareils destinés à combattre les maladies contagieuses et à favoriser l'hygiène chez les animaux.

Cette fabrique est très importante ; à l'Exposition Universelle de Paris 1900, M. H. HAUPTNER avait obtenu un Grand Prix.

GRANDS PRIX

Le Jury des récompenses a décerné un Grand Prix aux 18 Exposants dont les noms suivent :

Dr BIER
Conseiller intime de Médecine.

Avait participé à l'installation de la salle d'opération dans le Groupe de l'Art de l'Habitation.

BERKEFELD-FILTER
Gesellschaft m. b. H., Celle.

Exposait des filtres pour laboratoires ; avait obtenu un Diplôme d'Honneur à Milan 1906.

BORNER ET HERZBERG
Berlin.

Avait participé à l'installation de la salle d'opération où ils avaient fait l'installation de canalisation et de purge d'eau, les raccordements électriques.

INSTITUT DE PRÉCISION GRAND-DUCAL DE SAXE
Ilmenau (Thuringe).

Exposait des instruments d'optique et de mécanique.

HARTMANN (Paul)
Berlin.

Maison connue dans le monde entier.
Exposait un matériel de pansement dans la salle d'opération.

MAX KOHL (A.-G.)
Chemnitz.

Exposait, dans l'exposition collective organisée par la Société allemande de mécanique et d'optique, des appareils de physique, des appareils à projections, des tableaux de distribution pour expériences, des appareils pour rayons Röntgen. Etait déjà titulaire de Grands Prix obtenus aux Expositions de Saint-Louis 1904 et de Liége 1905.

EMIL KHOM
Carlsruhe-en-Bade.

Exposait dans la salle d'opérations et dans la Section de mécanique de la chirurgie, des appareils à cautériser sur platine, des thermocautères, des canules, des seringues, des appareils à cautériser contre la gangrène.

ERNST KRATZ
Francfort-sur-le-Mein.

Avait également participé à l'installation de la salle d'opérations et exposait dans la Classe 16 des aiguilles à sutures, des aiguilles hypodermiques, des lancettes, des seringues à injection.

LENTZ (E.-A.)
Berlin.

Exposait des appareils de bactériologie et de stérilisation.

ERNST LENTZ
Berlin.

Avait fourni à la salle d'opérations des meubles en fer et exposait, dans la Classe 16, une armoire à instruments et des modèles de meubles d'hôpital.

MULLER SOHNE (F.-Ad.)
Wiesbaden.

Exposait des yeux artificiels pour prothèses et enseignement.

REINIGER, GEBBERT ET SEHALL
Berlin.

Avait fourni à la salle d'opérations un appareil de raccordement universel « pantostat », dispositif radiographique, et exposait, dans la mécanique de la chirurgie, des appareils radiologiques pour l'électrothérapie, thermopénétration, galvanocaustique, endoscopie, massage vibratoire, bains de lumière et hydroélectriques, douches à air chaud, installations dentaires, etc.

SARTORINS (F.)
Gœttingue (Hanovre).

Exposait des balances pour analyses, des boîtes de chaleur de tous foyers pour culture de bactéries et pour lit de paraffine, des microstomes de congélation et pour matière cérébrale, etc., etc.

SEHMIEDEN ET BOETHKE
Berlin.

Exposaient un projet de salle d'opération et le dessin de la section des opérations pour un grand hôpital. Ces architectes se sont fait une spécialité des installations pour hôpitaux, et c'est sur leur plan qu'avait été installée la salle d'opérations du Groupe de l'Art à la maison.

SCHNEIDER (Adam)
Berlin.

Exposait dans la Classe de la mécanique de chirurgie des fauteuils d'opération dentaire, à pompe à huile, des tours à fraiser, des tours d'atelier, des machines à vulcaniser, des presses dentaires, etc., etc., d'une construction brevetée.

WEBER ET HAMPEL
Fabrique de machines et instruments de Chirurgie dentaire

Exposait des instruments à forer les dents, des clefs diverses, des marteaux de plombage.

WINDLER (H.)
Berlin.

Exposait des instruments d'ophtalmologie, d'otologie, de rhinologie, de laryngologie, des voies urinaires, de chirurgie, de gynécologie ; un mobilier opératoire sans soudure apparente ; des bandages ; des appareils orthopédiques.

CARL ZEISS
Iéna.

Exposait des microscopes, des appareils optiques de mensuration, etc., etc.

DIPLOMES D'HONNEUR

Les quatre Diplômes d'Honneur, accordés par le Jury des récompenses aux Exposants de la Classe 16 allemande, ont été attribués à MM.

BROCKDORFF-WITZEMANN-WERKE
Berlin.

Exposaient des appareils électriques et des ventilateurs.

LIEBERG (J.-H.)
Cassel.

Exposait dans la salle d'opérations et dans la Section de mécanique de chirurgie des seringues sous-cutanées, entièrement en cristal massif.

RHEINISCHE GLASHUTTEN-AKTEN-GESELLSCHAFT
Cologne-Ehrenfeld.

Exposait des verres pour la chimie et la bactériologie.

ZIMMERMANN (E.)
Leipzig.

Exposait des appareils de mécanique et d'optique.

MÉDAILLES D'OR

Quinze Médailles d'Or ont été décernées par le Jury. Les bénéficiaires ont été :

EMIL BANDER
Kaiserlautern (Palatinat Rhénan).

Exposait du matériel de pansement, des bandes élastiques « Idéales ».

D⁰ BENNIGHOVEN ET SOMMER
Berlin.

Exposaient des documents concernant l'Institut de modèles anatomiques pour l'enseignement.

BORNHAUSER (Martin)
Ilmenau-en-Th.

Exposait des matériels de mécanique de précision et d'optique.

BRENDENBRUCH ET ROSENKAIMER
Wald (province Rhénane).

Exposaient des ressorts pour appareils herniaires.

EMIL BUSCH
Rathenow.

Exposait des appareils de l'industrie optique.

CASSEL (B.-B.)
Francfort.

Exposait des boîtes de pansement pour les écoles.

Dʳ DUMS
Leipzig.

Exposait des tableaux muraux et un ouvrage : *La Pratique de l'Infirmier*.

SANITAS
Berlin.

Exposait des appareils électro-médicinaux de gymnastique et d'hydrothérapie.

GEORG HAERTEL
Breslau.

Exposait des tables d'opération, des appareils pour anesthésie à haute pression, des cystoscopes à vision directe et éclairage très fort.

JAHNLE (E.)
Berlin.

Exposait des meubles en fer pour malades.

CONRAD LINKE
Lössnitz (Erzgebirge).

Exposait des articles de mécanique de précision.

PARIS (Adolph.)
Altona.

Exposait des lampes électriques pour opérations, à l'usage des chirurgiens et des dentistes.

INSTITUT PATHOPLASTIQUE, KOLBOW (F.)
Dresde.

Exposait des moulages.

WINKEL (R.)
Gœttingue.

GEORG WOLF
Berlin.

Exposait des appareils et des instruments électro-médicinaux, des instruments pour recherches dans la gorge, l'estomac, la vessie et autres cavités du corps.

MÉDAILLES D'ARGENT

Les cinq Médailles d'Argent que le Jury des récompenses a décer-nées aux Exposants de la Classe 16 allemande ont récompensé la participation des maisons suivantes :

GEORG BECK ET C°
Berlin.

Fabrique d'aimants de thérapeutique (yeux) ; grands aimants suspendus, se mouvant dans tous les sens.

ILMENAUER GLASINSTRUMENTEN-FABRIK
ZUCKSCHWERDT (Alfred)
Ilmenau-en-Th.

Exposait des thermomètres, des baromètres, des aéromètres, des instruments de verre.

FRITZ KOHLER
Leipzig.

Exposait des appareils et instruments de physique, de chimie, d'électricité.

MEDIZINISCHES WARENHAUSS, AKTIENGESELLSCHAFT
Berlin.

Exposait des instruments pour médecins d'écoles.

« POLYFREQUENZ », SOCIÉTÉ D'ÉLECTRICITÉ
Hambourg.

Exposait des appareils de haute fréquence, installation Röntgen et de diathermanéité. Appareil combiné de Röntgen et de diathermanéité.

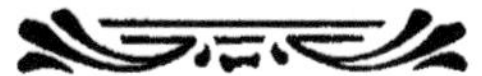

La Classe 16 dans la Section Belge.

Les sciences et les industries qui composent la Classe 16 étaient représentées dans la Section belge par 22 Exposants.

Le Secrétaire-Rapporteur du Jury était M. GLIBERT (Désiré), docteur en médecine, directeur au Ministère de l'Industrie et du Travail. Nous tenons à le remercier de la bienveillance qu'il nous a témoignée et de la charmante complaisance avec laquelle il a bien voulu nous donner des renseignements concernant les Exposants belges.

Parmi les membres du Jury, nous avons eu également le plaisir de nous rencontrer avec une personnalité du monde médical de Belgique : M. SAND (René), Docteur en médecine, Agrégé, Assistant à l'Université libre de Bruxelles, représentant comme Juré suppléant les Exposants belges dans le Jury. Nous n'avons eu qu'à nous féliciter des rapports que nous avons eus avec M. SAND (René). Nous conservons de son accueil cordial le meilleur souvenir.

Dans la Classe 16, de Belgique, le Jury des récompenses a décerné :

Grands Prix	3
Diplômes d'Honneur	3
Médailles d'Or	9
Médailles d'Argent	3

GRANDS PRIX

Le Jury a attribué cette haute récompense aux Exposants suivants :

FÉDÉRATION DENTAIRE NATIONALE BELGE
UNION DES SOCIÉTÉS BELGES DE DENTISTES

Les membres de ces associations s'étaient entendus pour présenter, dans un stand spécial, un cabinet de dentiste. L'installation était parfaite et nous y avons remarqué une adaptation très intéressante des plus récentes découvertes de la science.

MAYER (Léopold-Alexandre)

Cette personnalité exposait des instruments chirurgicaux : appareils pour la narcose sous pression ; appareil pour la ponction pleurale.

SANATORIUM POPULAIRE DE LA HULPE-WATERLOO

L'exposition de cette œuvre comprenait des photographies, diagrammes, statistiques et rapports la concernant.

DIPLOMES D'HONNEUR

Trois Diplômes d'honneur ont été attribués par le Jury à MM.

CLAËS (Gust.)

Dᵣˢ LE MARINEL, DE MUNTER, GOMMAERTS, GUNSBOURG

Ces docteurs exposaient des photographies, moulages, appareils, diagrammes relatifs à la physiothérapie (traitement par les agents physiques : mouvement, lumière, chaleur, eau, électricité), mécano-thérapie, photothérapie, thermothérapie, hydrothérapie, électro-thérapie.

MANUFACTURE BELGE DE GEMBLOUX

Cette Maison possède un magasin à Paris, elle exposait des instruments de chirurgie et des objets de mobilier chirurgical.

MÉDAILLES D'OR

Les bénéficiaires des trois Médailles d'Or décernées par le Jury dans cette Classe ont été MM.

BUISSET (Xavier)
Vilvorde.

Exposait des boîtes en aluminium pour stériliser les pansements et instruments employés en chirurgie et des valises avec boîtes en aluminium pour opérations à domicile.

CORDIER (Edmond)

Ce médecin est directeur de l'Institut de puériculture de Bruxelles. Sa participation comprenait des plans, des statistiques, des appareils dont une couveuse portative.

D^r DE LEEUW (Adolphe-Nicolas)

Exposait des moulages en cire de tumeurs et des pièces anatomo-pathologiques diverses.

DEPREZ (Henri)

Exposait un fauteuil mécanique « The Sleeping Chair », adaptable à tous les lits et de nature à rendre service aux malades et aux convalescents.

Dʳ DUPONT (Émile)

Exposait des albums de radiographies médico-chirurgicales, un volume traitant de cette question et ayant pour titre : *Manuel pratique de Radiologie médicale.*

INSTITUT DE MÉCANOTHÉRAPIE DE BRUXELLES

Dirigé par le Dʳ BALTEAUX (Léon), cet institut avait organisé une exposition formée de photographies, diagrammes et appareils se rapportant au traitement, par les agents physiques, des suites d'accidents, des affections nerveuses et rhumatismales et des déviations de la taille.

JONGEN (François)
Chirurgien-Dentiste.

Exposait des dents et dentiers artificiels, des articulateurs de précision, des instruments et articles dentaires.

SIMON (Alexandre)
Docteur en Médecine.

Exposait un anesthésiateur dosimétrique.

Dʳ VAN VELSEN (Prosper)

Exposait des vues de l'Institut hypnotique, fondé par le Dʳ Van Velsen.

MÉDAILLES D'ARGENT

Cinq Médailles d'argent ont été attribuées par le Jury aux Exposants dont les noms suivent :

DUMONCEAU (Albert)

Exposait des bandages herniaires sans ressort et des ventrières pour dames.

HULET (Telesphore)

Ce dentiste exposait des travaux en or dont il a la spécialité, divers appareils dentaires et un crachoir breveté universel.

SASSERATH (Alphonse)

Ce dentiste exposait un appareil de prothèse, des moulages, des pièces dentaires et des instruments, des brochures sur l'hygiène de l'enfance.

Dr STEINHAUS (Jules)

Exposait une statistique de mortalité par cancer ; des planches microph d'histologie pathologique, des microphotographies de la cellule cancéreuse.

VANDENDÆLEN (Émile) ET FILS

Exposait une pharmacie pour médecin de campagne et des produits pharmaceutiques.

Exposants ne figurant pas au Palmarès des Récompenses.

HOPITAL DERMATOLOGIQUE NOTTEBOH (Dr P. François)

Exposait des tableaux photographiques et diagrammes de traitement photo et radiothérapiques.
Avait obtenu un Grand Prix à Liége 1905 et à Milan 1906.

LABORATOIRE D'ANALYSES DU Dr HUYBERECHTS (Th.)
Sous la direction du Dr W. VAN YSENDYCK

Exposait des tumeurs pathologiques en bocaux.

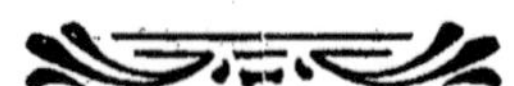

La Classe 16
dans la Section de la Grande-Bretagne.

La Classe 16, dans la Section de la Grande-Bretagne, ne comptait que 10 Exposants ; ils étaient représentés dans le Jury des récompenses par un Juré effectif, M. le Dr Rayner (Edwin), à Stockdale.

Très sévère pour ses nationaux, notre collègue fut l'indulgence et l'amabilité même à l'égard des Exposants français : qu'il nous permette de lui en exprimer ici notre sympathique gratitude.

Le Jury des récompenses a décerné dans cette section :

Grands Prix	5
Diplôme d'Honneur	1
Médailles d'Or	4

GRANDS PRIX

BURROUGHS WELLCOME ET C°
Snow Hill Buildings, Londres E. C.

Cette exposition était particulièrement importante. Elle comprenait les drogues et produits chimiques (marque « Tabloid ») pour la médecine générale, la chirurgie, l'ophtalmie, la médecine dentaire, vétérinaire et photo-radiographique ; des antiseptiques, astringents et anesthésiques ; des colorants pour la microscopie et produits chimiques pour analyses (marque « Soloid ») ; des boîtes, trousses à médicaments, équipements médicaux (marque « Tabloid ») ; trousses pour l'analyse des urines et trousses bactériologiques (marque Soloid ») ; des pansements chirurgicaux (marque « Tabloid ») ; des équipements de premiers secours (marque « Tabloid) ».

DOWN (Bros.), LTD

Exposait des instruments de chirurgie. Cette fabrique est parmi les plus importantes dans ce genre d'industrie.

GRIFFIN (John-J.) ET SONS LTD

Exposait des Electroscopes Butherford pour mesures de radio-activité, un appareil respiratoire Harcourt, à chloroforme, pour dosages réguliers, etc.

MATINDALE (William)

Fabricant de produits chimiques, cet Exposant avait envoyé à Bruxelles un ouvrage intitulé *Extra Pharmacopœia*, qui a eu 13 éditions de 1883 à 1908 et qui sert de référence aux médecins et aux pharmaciens dans toutes les parties du monde. Il exposait également des capsules de nitrite d'amyle pour l'angine, les accès d'évanouissement, etc. ; des dérivés de la coumarine dont l'emploi est en général réservé aux maladies de cœur. Cette vitrine renfermait aussi des préparations pharmaceutiques de toute espèce, des pansements stérilisés.

LES LABORATOIRES WELLCOME
DE RECHERCHES PHYSIOLOGIQUES

Exposaient une collection montrant les travaux effectués dans ces laboratoires et comprenant divers antisérums, organismes pathogéniques, spécimens pathologiques et préparations physiologiques avec notices. Cette exposition était complétée par des publications. Rappelons que ces laboratoires ont été les premiers à produire des sérums dans la Grande-Bretagne.

DIPLOME D'HONNEUR --

Un seul Diplôme d'Honneur a été décerné dans cette Section. Il a été attribué à MM.

BRADY ET MARTIN, LTD

Ceux-ci exposaient un stérilisateur à vapeur sous pression pour pansements chirurgiques, des meubles chirurgicaux aseptiques, une collection d'instruments de chirurgie, y compris des appareils pour la marine et un polygraphe Mackensie avec dessins.

MÉDAILLES D'OR

Quatre Médailles d'Or ont été décernées par le Jury des récompenses dans cette classe. Elles ont été attribuées aux Exposants suivants :

BIRMINGHAM DENTAL SUPPLY ET MANUFACTURING Co, LTD

Exposait des dents artificielles.

FLETCHER, RUSSELL ET Cᵒ, LTD

Exposaient des appareils et fourneaux à gaz et à l'huile pour laboratoires, du matériel dentaire.

WILLIAM GOWLLAND, LTD

Exposait des instruments d'optique pour sonder la vue, des laryngoscopes, des miroirs à l'oreille, des miroirs à larynx, des miroirs dentaires, etc., etc.

THE TINTOMETER, LTD

Exposait l'appareil du teintomètre Loviboni pour diagnostiquer les maladies par moyen des caractéristiques du sang et autres usages.

NEGRETTI AND ZAMBRA

Exposaient des microscopes et des thermomètres médicaux. Cet Exposant a obtenu un Grand Prix dans la Classe 15 (instruments de précision).

La Classe 16 dans la Section Italienne.

Dans la Section de l'Italie, le Jury des récompenses a eu à examiner la participation de 7 Exposants qui constituaient la Classe 16.

Un Exposant, ayant été mis *Hors Concours* en qualité de *Membre du Jury*, nous avons décerné aux autres :

Grands Prix. 2
Médailles d'Or. 3
Médaille d'Argent. 1

HORS CONCOURS, MEMBRE DU JURY

INVERNIZZI (Ernesto)

Cet Exposant avait envoyé à Bruxelles un lit d'accouchement pour salles d'opérations et qui a été construit d'après les indications fournies par le Prof' Rossi-Doria.

GRANDS PRIX

INSTITUTI CLINICI DI PERFEZIONAMENTO
Milan.

Exposait des types de la clinique des maladies du travail, des photographies et publications des instituts cliniques de perfectionnement.

ISTITUTO SIEROTERAPEIO MILANESE
Milan.

Avait fait figurer dans sa vitrine des préparations bactériologiques et des sérums.

MÉDAILLES D'OR

ISTITUTO DI RADIOLOGIA, HOPITAL MAJEUR DE TURIN

Exposait des documents concernant la radiographie.

INSTITUTI RIUNITI DI TERAPIA FISICA
Naples.

Exposait des tableaux, documents et appareils divers.

VALEGGIA NEBRIDIO FU O.
Padoue.

Exposait des instruments de chirurgie.

MÉDAILLE D'ARGENT

CASTAGNARI (Jean)
Bologne.

Cet Exposant s'intitulait chirurgien-dentiste-mécanicien. Il exposait des appareils de prothèse dentaire et des appareils pour la restauration de la face, nez et oreilles.

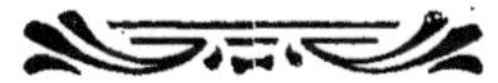

Suisse.

Dans la Section de la Suisse, le Jury de la Classe 16 a eu à examiner *deux Exposants*.

Il a décerné :

GRAND PRIX

SCHAERER (S.-A.)
Berne.

Le stand de cet Exposant était garni de mobilier chirurgical.
Cette maison, très importante, fabrique spécialement les instruments de chirurgie, le mobilier brasé aseptique pour les opérations
et les hôpitaux en général. Elle fait les installations de stérilisation
et de désinfection ; elle s'occupe aussi des appareils et mobiliers
pour laboratoires, écoles de médecine et des installations d'inhalatoires, etc.

A Bruxelles, M. SCHAERER exposait une installation de stérilisation
de la division : opérations sériées, du modèle fourni par ses soins
à la nouvelle Maternité de l'Hôpital de la ville de Francfort-sur-
le-Mein.

MÉDAILLE D'ARGENT

Le Jury a décerné une Médaille d'Argent à

DUCIMETIÈRE (J.)
Mécanicien
Genève.

qui exposait des machines à remplir les tubes, à l'usage des pharmaciens.

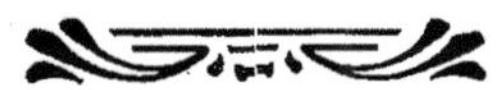

Autres Nations.

Enfin le Jury des récompenses a terminé ses travaux par la visite des pavillons suivants. Il a examiné cinq Exposants dont la participation était de moindre importance et auxquels il a distribué :

Médailles d'Or............................... 2
Médailles d'Argent........................... 2
Médaille de Bronze........................... 1

HAITI

Dans cette Section, le

Dr CASSÉUS
Gonaïves.

a obtenu *une Médaille d'Or*.

BRÉSIL

Une Médaillé d'Argent a été décernée à

HENRIQUE GILGER
Saô-Paulo.

Il exposait des appareils divers pour l'orthopédie et des documents photographiques.

DANEMARK

Une Médaille d'Argent a récompensé la participation de M.

NIELS LARSEN
Copenhague.

ÉTATS-UNIS

Une Médaille d'Or a été attribuée à

GLOBE EAR PHONE C°
Boston.

Une Médaille de Bronze au

STANDART OPTICAL Cº
Geneva (N.-Y.).

La participation de ces Exposants est totalement insuffisante pour permettre de juger la situation des sciences et des industries qui composent la Classe 16 dans ses diverses nations. Nous ne pouvons que le constater et le regretter, surtout pour le Danemark et les Etats-Unis.

Avant de mettre le point final à ce travail certainement aride et que j'aurai cependant voulu faire attrayant, qu'il me soit permis de formuler un vœu bien sincère :

Je souhaite que dans toutes les Expositions qui vont suivre, le Rapporteur de notre Classe éprouve la grande joie qu'a éprouvée le signataire du présent Rapport en constatant, au cours de sa revue critique, combien de ressources sont encore dans notre beau pays et quelle avance nous avons encore malgré tout sur les autres nations dans le chemin du progrès et de l'avenir.

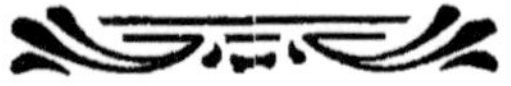

TABLE DES MATIÈRES

QUATRIÈME PARTIE

Les Exposants de la Classe 16, leur participation à l'Exposition de Bruxelles

La Classe 16 dans les Sections autres que la France